世の中への扉

城島充

平野美宇と伊藤美誠

がんばれ！ピンポンガールズ

講談社

平野美宇と伊藤美誠
がんばれ！　ピンポンガールズ

6歳《さい》の美誠さん（左）と5歳の美宇さん（右）。

目次

中学1年生のふたり。美宇さんは中学校の入学式で、母親の真理子《まりこ》さんと（右）。美誠さんは遠征先《えんせいさき》の台湾《たいわん》で、母親の美乃《みの》りさんと（左）。

アジアチャンピオンになった美宇さん。

オリンピックで団体銅《だんたいどう》メダルを獲得《かくとく》した美誠さん。

まえがき

リオデジャネイロから東京《とうきょう》へ

オリンピックには魔物《まもの》がすんでいる――と、よく言われます。

魔物といっても、目に見える怪物《かいぶつ》が四年に一度、世界じゅうの人たちが注目する平和とスポーツの祭典に、姿《すがた》をあらわすわけではありません。

オリンピックは、地球上のいろんな国や地域《ちいき》から集まったトップアスリートたちが、力や技《わざ》を競《きそ》いあう舞台《ぶたい》ですから、勝敗をわけるのは紙一重《かみひとえ》の実力の差です。勝利にかぎりなく近づいていたアスリートが、とつぜん調子をくずし、つかみかけた栄光を手ばなしてしまうケースも、めずらしくありません。そんな、自分で自分の力をコントロールできなくなったアスリートの姿を目撃《もくげき》したとき、わたしたちは「魔物」の存在《そんざい》を信じるのです。

ひょっとしたら、あのとき、伊藤美誠《いとうみま》さんもオリンピックの魔物に、からだと心をしばりつけられていたのかもしれません。

二〇一六年の夏、日本《にっぽん》から見て地球の反対側にあるブラジルで、リオデジャネイロオリンピックが開かれました。日本からも二十七競技《きょうぎ》に三百三十八人の代表選手が参加しましたが、なかでも、四年前のロンドンオリンピックの団体戦《だんたいせん》で、史上初の銀メダルを獲得《かくとく》した卓球《たっきゅう》の女子代表選手たちは、大きな注目と期待を集めていました。

リオデジャネイロにのりこんだ日本代表メンバーは、おさないころから「泣き虫愛《あい》ちゃん」の愛称《あいしょう》で親しまれ、ロンドン大会で悲願の銀メダルを手に入れた福原《ふくはら》愛選手、福原選手につづく日本のエースで、おなじくロンドン大会でメダリストになった石川佳純《いしかわかすみ》選手、そして当時はまだ十五歳《さい》で、オリンピック初出場となる美誠さんの三人でした。

美誠さんの小さな背中《せなか》に、とつぜん目には見えない魔物がはりついたのは、女子団体戦準決勝《じゅんけっしょう》のドイツ戦でのことです。

団体戦は、シングルス四試合とダブルス一試合でおこなわれ、さきに三勝したチームが勝利を手にします。それぞれの試合は、三ゲームをさきにとったほうの勝ちになります。

勝てば決勝に進出し、銀メダル以上が確定《かくてい》する大一番で、美誠さんは第一試合のシングルスに起用されました。

対戦相手は、二十二歳《さい》のペトリサ・ソルヤ選手です。試合は白熱した攻防《こうぼう》がつづき、おたがいが二ゲームずつとりあう展開《てんかい》になりましたが、勝負を決する第五ゲームは、美誠さんが9－3とリードしました。あと2ポイントとれば、日本チームを勢《いきお》いづかせる貴重《きちょう》な一勝を手にすることになります。

おそらく、試合を見ていたほとんどの人が、美誠さんの勝利をうたがわなかったでしょう。けれども美誠さんは、まるで金しばりにあったかのように、自分らしいプレーができなくなりました。

ソルヤ選手に追いあげられ、気がつけば連続して7ポイントもうばわれていました。なんとか10－10のジュースまでねばりましたが、さきにマッチポイントをにぎられると、最後は強気にねらったバックハンドのボールが、台を大きくオーバーしてしまいました。

まさかの大逆転《だいぎゃくてん》負《ま》けです。この敗戦が尾《お》をひいたのか、美誠さんは福原選手とペアを組んだ第三試合のダブルスも落としてしまいます。けっきょく、日本チームは二勝三敗でドイツに敗れ、四年前のロンドンオリンピックにつづく、二大会連続決勝進出の道を断《た》たれたのです。

美誠さんにとっては、まさに魔物《まもの》におそわれたとしか言いようのない経験《けいけん》だったはずです。タオルに顔をうずめてくやし涙《なみだ》をながす十五歳《さい》の姿《すがた》が世界じゅうに報《ほう》じられ、準決勝《じゅんけっしょう》の敗因《はいいん》は第一試合に勝てなかったことにあると、いくつかのメディアに指摘《してき》されました。

しかし、美誠さんたち日本チームにとって、オリンピックはここでおわったわけではありません。決勝には進めませんでしたが、二日後には銅《どう》メダル獲得《かくとく》をかけた三位決定戦がひかえていました。

ふつうの十五歳《さい》なら、悪夢《あくむ》のような敗北のショックをひきずってしまうでしょう。でも、美誠さんはふつうの十五歳ではありませんでした。


このときの日本代表チームには、コートに立った三人のほかにもうひとり「リザーバー」と呼《よ》ばれる選手がいました。

リザーバーは「補欠《ほけつ》」という意味で、団体戦《だんたいせん》のレギュラーの選手がけがや病気などのために試合に出られなくなったとき、かわりに出場する選手のことです。リオデジャネイロでたたかう日本代表チームのリザーバーをつとめたのは、美誠さんとおなじ二〇〇〇年生まれの平野美宇《ひらのみう》さんでした。

オリンピックの卓球競技《きょうぎ》には、シングルスと団体戦《だんたいせん》をあわせて、各国三人の代表選手しか出場できません。日の丸を背負《せお》ってたたかう三人は、世界ランキングの順位が高い順に選ばれることになっていました。リオデジャネイロオリンピックの場合は、二〇一五年九月の時点で、五位の石川選手と六位の福原選手がシングルスの出場権《しゅつじょうけん》を確保《かくほ》し、ランキング十位の美誠さんが団体戦《だんたいせん》に出場する三人目の代表に選ばれました。

美宇さんの世界ランキングは、日本人選手では美誠さんにつぐ十七位でした。美誠さんと美宇さんは、おさないころからラケットを振《ふ》りはじめ、ともに「天才卓球少女」として注目されてきました。福原選手が持っていた最年少の勝利記録や優勝《ゆうしょう》記録をつぎつぎとぬりかえたふたりは、十三歳《さい》のときにダブルスのペアを組んで出場した国際《こくさい》大会で史上最年少優勝をはたし、世界の卓球界でその名を知られるようになりました。

なかのよさでも知られた「みうみま」ペアでしたが、ふたりそろってリオデジャネイロオリンピックのコートに立つことは、できなかったのです。

リザーバーとしてリオにやってきた美宇さんは、オリンピックの期間中ずっと、三人の練習パートナーをつとめたり、球ひろいをしたり、荷物を運んだりしてチームに貢献《こうけん》しました。三人が本番のコートでたたかっているときも、その姿《すがた》はベンチにはもちろん、観客席にもありません。会場のとなりにある練習場で、つぎの試合に出場する日本人選手の練習パートナーをつとめていたからです。

シンガポールとの三位決定戦は、第三試合のダブルスがおわった時点で二勝一敗となり、日本は銅《どう》メダル獲得《かくとく》まであと一勝にせまりました。そして、第四試合のシングルスが三ゲーム目をむかえたとき、第五試合に出場予定だった石川選手が、練習場でのウオーミングアップを途中《とちゅう》できりあげて試合会場へ向かいました。あと一ゲームとれば、日本チームが勝利を手にする展開《てんかい》になったからです。

ロンドン大会につづいて女子代表チームをひきいた村上恭和監督《むらかみやすかずかんとく》、キャプテンをつとめた福原選手、練習場からかけつけた石川選手がベンチで見まもるなか、美誠さんはコートの上で、銅メダル決定の瞬間《しゅんかん》のよろこびをあじわいました。

けれどその歓喜《かんき》の輪のなかにも、美宇さんの姿はありませんでした。

美誠さんと、美宇さんには、おなじ夢《ゆめ》があります。二〇二〇年に開かれる東京《とうきょう》オリンピックの団体戦《だんたいせん》で日本チームを優勝《ゆうしょう》にみちびき、さらにシングルス決勝の舞台《ぶたい》で、ふたりが金メダルをかけてたたかうことです。

リオデジャネイロオリンピックは、そんな大きな夢に向かって走りだす新しい出発点になりました。

背中《せなか》にはりついた魔物《まもの》をふりきって、オリンピックの卓球競《きょう》技《ぎ》史上最年少メダリストになった美誠さんは、その宝物《たからもの》のような体験に力づけられて、東京に向けて再《さい》スタートをきりました。

リザーバーとして多くのことを学んだ美宇さんも、そのくやしさをバネに、オリンピック後は世界じゅうがおどろくようなパフォーマンスを披露《ひろう》していきます。彼《かの》女《じょ》もまた、ふつうの十六歳《さい》ではないことを証明《しょうめい》したのです。

ライバルであり親友でもあるふたりの関係は、二〇二〇年に世界じゅうの人たちの視線《しせん》が東京に集まるまで、いえそのあとも、さまざまなドラマを生みだしながらつづいていくはずです。

日本卓球界の宝《たから》と言われる「ピンポンガールズ」は、どんな未来を手にするのか。ふたりが卓球に注ぎつづける情熱《じょうねつ》を、みなさんといっしょに追いかけていきましょう。

第一章

伊《い》藤《とう》美《み》誠《ま》——きびしい「訓練」

よちよち歩きのころから
卓球《たっきゅう》で遊んでいました。

お母さんのおなかのなかで

なぜ、卓球《たっきゅう》は「ピンポン」と呼《よ》ばれるのでしょう。

その由来は「音」にあります。

今から百二十年以上も前の話です。イギリスの男性《だんせい》がアメリカから持ちかえったセルロイドでできたボールを、バドミントンの原型といわれる競技《きょうぎ》のラケットで打ってみたら、ラケットにあたれば「ピン」、テーブルにはずめば「ポン」という音がしました。その音を気に入った男性が「ピンポン」と名づけたそうです。

伊藤美誠《いとうみま》さんはそんな卓球の音やリズムを、お母さんのおなかのなかにいるときから感じていたのかもしれません。

いい子に育ちますようにと願って、おなかのあかちゃんに絵本の読み聞かせをしたり、音楽を聴《き》かせたりするお母さんがいます。でも、美誠さんのお母さんの美乃《みの》りさんが聞かせたものは、ほかのお母さんとはずいぶんちがいました。

美乃りさんは、トイレットペーパーの芯《しん》をつなぎあわせて長い筒《つつ》をつくると、両はしを口とおなかにくっつけました。そして卓球の試合のビデオを見ながら、アナウンサーがするような実況中継《じっきょうちゅうけい》を、おなかのなかの美誠さんに聞かせたのです。

「ワルドナー選手のフォアハンド、ノータッチで決まりました」

「孔令輝《こうれいき》選手はすごいですね。あそこに返されたら、相手は一歩も動けません」

スウェーデンのワルドナー選手と中国《ちゅうごく》の孔令輝選手は、ともに当時の卓球界の頂点《ちょうてん》をきわめたスーパースターです。美乃りさんは、彼《かれ》らのプレーのすごさを伝えただけではありません。ときには、こう話しかけたりもしました。

「今のボール、あなただったら、どんなプレーを選択《せんたく》する？」

「カットマンはとにかくひろってくる。ねばらないと勝てないのよ」

静岡県磐田市《しずおかけんいわたし》出身の美乃りさんは中学から卓球をはじめ、高校時代はダブルスでインターハイに出場しました。奈良《なら》の短大に通っていたときも、全国大会の団体戦《だんたいせん》で準優勝《じゅんゆうしょう》したことがあります。就職《しゅうしょく》してコートをはなれましたが、結婚《けっこん》すると当時くらしていた東京《とうきょう》のクラブチームで、ふたたび卓球にのめりこみました。

「美誠をさずかったときも、卓球が生活の中心でした。おなかのなかに向かって、絵本を読み聞かせたこともありますが、卓球の話をしたときがいちばん動くんです。うるさいと思ったのかもしれませんが……（笑）」

二〇〇〇年十月二十一日、伊藤家の長女として美誠さんは生まれました。その瞬間《しゅんかん》から、いや、生まれる前から美誠さんのまわりには「ピンポン」の音色がひびいていたのです。

ベビー服の美誠さんが、もみじのように小さな手でラケットとピンポン球を持って笑《え》みをうかべている写真（13ページ）が、今もアルバムにのこっています。

「みまも、卓球やりたい」

美誠さんを産んで半年後にはもう、美乃りさんは卓球の練習を再開《さいかい》します。自分がプレーするだけではなく、地元のママさんチームの指導《しどう》もはじめました。

近所の体育館や公民館を予約して練習するのですが、そこにはいつも、美誠さんの姿《すがた》がありました。ボールが飛んできたり、選手がたおれたりすると危険《きけん》なので、ベビー服を着た女の子は練習中ずっと、コートのすみっこの保護《ほご》フェンスのなかに入れられていました。

けれど、少しでもお母さんのそばにいたかったのでしょう。美誠さんはよちよち歩きで保護フェンスから脱出《だっしゅつ》し、卓球台に近づいていきます。

「みま～、フェンスから出たらだめでしょ」

美乃りさんは大きな声で注意しますが、ほかのママさん選手たちは笑って見つめています。「美誠ちゃん、そこにころがっているボールをひろってちょうだい」と声をかけたり、あやしてくれたりするメンバーもいました。

美乃りさんが以前とおなじように大会にも参加するようになると、美誠さんもそこについていくようになりました。

「東京の大会に出場するときは、車のチャイルドシートに美誠をのせていきました。大会の雰囲気《ふんいき》もあじわってほしかったんです」

そう語る美乃りさんがおどろいたのは、ことばを覚えはじめた美誠さんが、コートに向かって声を出すようになったことです。

「その打ちかた、よくないよ」

「また、おんなじミスしてる」

「ちょっと、みまにボールかちて」

そして三歳《さい》の誕生日《たんじょうび》をむかえようとしていたある日、美誠さんはお母さんの顔をしっかりと見つめてこう言いました。

「みまも、卓球やりたい」

場所は、いつも練習をしていた公民館でした。

「お母さんといっしょなのに、練習がはじまると、わたしはずっとコートのそとで見ているだけで、お母さんには近づけませんでした。でも、自分も卓球をすれば、もっとお母さんといっしょにいられる時間が長くなる。おさないわたしは、そう思ったんじゃないでしょうか」

美誠さんはそんなふうに、当時の気持ちを想像《そうぞう》します。

でもこのとき、美乃りさんの心境《しんきょう》は複雑《ふくざつ》でした。

「美誠に卓球を教えるために、自分の練習時間がけずられるのがいやだったんです。まだまだ選手として卓球がうまくなりたいって、思っているときでしたから」

はじめてのラリー

「本気でやるの？」

卓球をやりたいと言いだした美誠さんに、美乃りさんはそう聞きかえしました。

「卓球は遊びじゃないのよ。きちんと練習しないといけないのよ」

お母さんのことばに、美誠さんはうなずきました。

「うん、やるっ！」

その夜、美乃りさんは美誠さんを横浜《よこはま》市内の卓球ショップにつれていきました。複雑《ふくざつ》な気持ちは消えませんでしたが、娘《むすめ》の思いにこたえたいと思ったからです。

子ども用のラケットもいろんな種類のものが販売《はんばい》されていましたが、美誠さんが選んだのは、天才卓球少女として日本じゅうの注目を浴びていた、当時十五歳《さい》の福《ふく》原愛《はらあい》選手のラケットをモデルに製作《せいさく》された「愛ちゃんラケット」でした。ラケットをにぎるグリップの部分には、福原選手の名前がきざまれています。

家に帰った美誠さんはまず、そのグリップに「いとうみま」と福原選手の名前よりも大きく自分の名前を書きこみました。小さな手でラケットをにぎりしめると、素振《すぶ》りをして笑《え》みをうかべます。

ラケットを買ったつぎの日、ふたりはいつもの公民館にいました。

ふつうの卓球台はたてが二百七十四センチで、よこは百五十二・五センチ、高さが七十六センチあります。美乃りさんがネットごしに向きあうと、美誠さんの顔は台の下にかくれてしまいそうです。

「まだ三歳《さい》になる前でしたから、背《せ》も低いし、ボールを打ちかえすのはむずかしい。五分もすればあきて、ラケットを放りだすだろうって思っていました」と美乃りさんはふりかえります。

美誠さんは、真剣《しんけん》なまなざしでお母さんを見ています。

「じゃあ、美誠、サーブ行くよ」

両足をふんばってコートに立ち、右手にラケットをにぎりしめた美誠さんが小さくうなずきます。

美乃りさんがおどろいたのは、つぎの瞬間《しゅんかん》でした。

「わたしが出したサーブに対し、美誠はすっとスタンスをかえてラケットをひくと、ボールを手もとにしっかり呼《よ》びこんでから、ラバーでボールをこするようにやわらかく打ちかえしたんです。三歳にもならない子どもがそんなボールを返せるなんて、びっくりしました。わたしは美誠が返してきたボールにラケットをあわせながら、『この子は天才だ、とんでもない才能《さいのう》を持っている』と思いました。わたしなんかが卓球をやってる場合じゃないと」

美誠さんも、このときのことは、はっきりと覚えています。

「そうなんです。最初からお母さんとラリーができたんです。うまくできたのがうれしくて、卓球が大好きになりました。それまでは、お母さんたちのプレーを見ているだけだったのに、これからは自分もプレーできるし、そうすれば、もっとお母さんの近くにいられるって思いました」

世界チャンピオンをめざしてひっこし

それから、美誠さんの練習がはじまりました。

美誠さんのお父さんとお母さんは、まず近所のホームセンターで「すのこ」を買ってきました。すのこというのは、細長い板をならべて打ちつけた台のことです。美誠さんが立つ側のコートに、すのこを何枚《なんまい》かしいて、背《せ》の低い美誠さんが少しでも上からボールを打てるようにしよう、と考えたのです。

幼稚園《ようちえん》のおむかえに行くときも、そこから公民館の練習場に向かうときも、美乃りさんはラケットや着がえ、タオルなどを入れた大きなバッグと水筒《すいとう》を肩《かた》にかけ、手にはボールひろいに使う虫とり網《あみ》を持って、というかっこうでした。それにくわえて、何枚もの大きなすのこをかかえることになったのですからたいへんです。

「交差点で信号待ちをしていると、まわりからじろじろ見られました。『すのこママ』って呼《よ》ばれていたかもしれません」

美乃りさんはそう言って笑いますが、まわりからどんな目で見られようが、まったく気にしませんでした。「美誠を世界チャンピオンに育てる」という強い思いがめばえていたからです。

「当時から、卓球は圧倒的《あっとうてき》に中国が強かったんです。でも、その背中を追いかける日本のほうが、あたらしい時代の卓球をきりひらいていくチャンスがある。美誠にはそんな日本の先頭に立って、中国に勝てる選手になってほしいと思いました」

ふつうの日は一日三時間、土日は四時間、美乃りさんは美誠さんを公民館へつれていって、卓球の基本的《きほんてき》なプレーを教えました。三歳《さい》になったばかりの女の子にとっては、とても長い練習時間でしたが、「もっと練習したい」とうったえる美誠さんのために、自宅《じたく》のテーブルの上にネットのかわりにカセットテープをならべ、ボールを打ちあったこともありました。

「ゲームとか、ほかの遊びはすぐにあきるのに、なぜか、卓球だけはつづけられました。お母さんとラリーができるのが楽しくてしかたなかったんです」と美誠さんは当時の気持ちを語ります。

そして、あたらしい技術《ぎじゅつ》をつぎつぎとマスターしていく美誠さんにおどろいたお父さんとお母さんは、大きな決断《けつだん》をします。

美乃りさんの実家がある静岡県磐田市に新しい家を建てて、ひっこすことにしたのです。いつでも自由に卓球の練習をするためでした。

「なによりすごいと思ったのは、プレーの美しさです。腕《うで》の振《ふ》りも、足の運びも、ボールのとらえかたもすべて美しかった。とてもじゃないけど、三歳《さい》の子とは思えませんでした。このすばらしい才能《さいのう》をのばすためには、小学校にあがるまでに、卓球に必要な感覚をできるだけたくさん吸収《きゅうしゅう》させてあげたいと思いました」

ひっこしたのは、美誠さんがちょうど幼稚園《ようちえん》に入園するタイミングでした。

「えっ、卓球台をリビングに置くんですか？」

運送屋さんがおどろきながら、大きな卓球台をリビングルームに運んでくれたのを、美乃りさんは覚えています。

一日七時間の「訓練」

ふだんの美乃りさんは、ひとり娘《むすめ》の美誠さんにべったりでした。

いっしょにいるときは、いつもだっこをして、ほっぺにキスをします。おふろに入ると、うしろから美誠さんの小さなからだをギュッと抱《だ》きしめてはなしません。「美誠を抱きしめていると、食べたくなっちゃうぐらい、いとおしくなるんです。ほっぺだけじゃなくて、全身にキスをしていました。ヨーロッパやアメリカの人たちみたいなスキンシップです」と、美乃りさんは笑いながらふりかえります。

しかし、そんな母と娘《むすめ》の関係は、リビングの卓球台に向きあうと、がらりとかわりました。

「美誠、ちゃんとかまえなさい」

美乃りさんのきびしい声が、新しい家のリビングにひびきます。

「そんなボールは、だれでもとれるの。かまえができてない。ちゃんとかまえて」

四歳《さい》になった美誠さんは泣きべそをかきながら、それでもぐっと腰《こし》を落としてレシーブの姿勢《しせい》をとります。

小さな子どもにきびしく教えることを「スパルタ教育」といいます。今から二千年以上も前に、古代ギリシャにあったスパルタという国で、子どもに軍事訓練をおこなったのが、このことばの由来です。

美乃りさんの指導《しどう》は、「スパルタ」のレベルをはるかにこえていたかもしれません。幼稚園《ようちえん》の女の子に、一日七時間もラケットを振《ふ》りつづけさせたのですから。

美乃りさんは、卓球の練習のことを「訓練」と呼《よ》んでいました。

お昼すぎに幼稚園から帰ってきた美誠さんは、昼食を食べたあと、二時間ほど昼《ひる》寝《ね》をします。美乃りさんはそのあいだに、トレーニングメニューをまとめます。新聞にはさんである折りこみ広告のうらに、その日の訓練の内容《ないよう》を分きざみで書きこんでいくのです。

午後四時に訓練がはじまると、美乃りさんは「鬼《おに》」に変身しました。

ひとつひとつのプレーが正確《せいかく》にできるようになるまで、美誠さんになんどもおなじプレーをくりかえさせます。

夕食をとるのは、午後八時すぎ。美乃りさんに食事をつくる時間はないので、磐田市内で「松月堂《しょうげつどう》」というお寿司屋《すしや》さんをいとなんでいるおじいさんとおばあさん、健一《けんいち》さんと町子《まちこ》さんが、栄養を考えてつくってくれた料理をふたりで食べます。

三十分ほどかけて食事をとると、休む間もなく、また夜の訓練がはじまります。真夜中の十二時をすぎるのはあたりまえで、ときには時計の針《はり》が午前二時をまわることもありました。

眠《ねむ》りについた美誠さんのとなりで、その日の訓練をふりかえるのが美乃りさんの日課でしたが、その日のうちにやっておくべきことに気づくと、美誠さんを起こしてリビングへもどったことも、一度や二度ではありませんでした。

朝は七時に起きて、幼稚園《ようちえん》へ行かなければなりません。美誠さんはいつも、眠くて眠くてしかたありませんでした。

「練習中にあくびをするとおこられるので、トイレに行ったときに思いっきりあくびをしました。トイレのなかで寝《ね》てしまったこともあります。わたしの身長が百五十二センチからのびないのは、いちばんよく眠らないといけない四歳《さい》や五歳のときに、ちゃんと寝《ね》なかったからなんですよ」

負けずぎらいの美誠さん

美誠さんにとって、もっともつらかったのが「オールドライブ千本ラリー」という練習です。

ラケットを下から振《ふ》ってボールをこすりあげて回転をかける「ドライブ」という打ちかたで、千回連続で相手のコートに打ちかえすのです。九百九十九回つづけて成功しても、最後の一回でミスをすれば、またゼロからやりなおしです。

連続千本なんて、気が遠くなるような数字です。ミスをくりかえし、泣きながらラケットを振る美誠さんに、美乃りさんはつぎつぎとボールを出していきます。

健一さんと町子さんも、そういうシーンを目撃《もくげき》することがよくありました。

「家に入ると、ピーンと緊張《きんちょう》した空気がはりつめていて、息もできないほどでした」と、健一さんは当時の様子を語ります。そんなときは、かわいい孫娘《まごむすめ》とことばをかわすこともなく、「夕食はここに置いておくよ」とだけ言って帰りました。二階に上がる階段《かいだん》に腰《こし》をおろし、ボールが卓球台にはずむ音、ラケットがボールをとらえる音、そして娘と孫の息づかいだけを、じっと聞いていたこともあります。

「美乃りは猪突猛進《ちょとつもうしん》というか、子どものころからやると決めたら、かならずやりきる子でした。美誠も『やめたい』とか『もういやだ』とかいう弱音を一度もはきませんでした。美乃りに似《に》たのか、美誠もかなりの負けずぎらいですね」

こんなエピソードも、美誠さんの負けずぎらいをものがたっています。

ある日、オールドライブ千本ラリーに挑戦《ちょうせん》していたときのことです。どこかに頭をぶつけたわけでもないのに、美誠さんのおでこがまっ赤《か》にはれあがっていることに、美乃りさんは気づきました。

ドライブを打つときに、振《ふ》りあげた右腕《みぎうで》がおでこにあたっていたのです。ラリーをとめて確認《かくにん》すると、右腕《みぎうで》も赤くはれあがっていました。

「美誠、今日はこれでやめときましょう」

さすがにこれ以上はむりだと思った美乃りさんはそう声をかけましたが、美誠さんは納得《なっとく》しません。

「いやだ、最後までやる」

美誠さんは泣きべそをかきながら、その日も千本ラリーをやりとげたのでした。

お母さんの覚悟《かくご》

「母親としてではなく、マシンになって美誠を指導《しどう》しようと思いました」

美乃りさんは、訓練にあけくれた日々をそうふりかえります。

「ネットの向こう側にいる美誠にかけよって、抱《だ》きしめたい衝動《しょうどう》になんどもおそわれました。でもそのたびに、わたしは母親ではなく、感情《かんじょう》を持たないマシンなんだって、自分に言いきかせました。そうでもしないと、自分の心がこわれてしまいそうでした」

訓練中はぜったいに「ママ」と呼《よ》ばせなかったのも、マシンになると決めたからです。

「わたしは美誠を、相手の選手がつぎのプレーを予測《よそく》できない、バケモノのような選手に育てたかったんです。そのためには、子どものころからだれよりも長い時間ラケットを振《ふ》らせ、ほかのだれもやらない練習をさせようと思っていました」

でも、今やっていることがほんとうに正しいのか、いくらなんでもやりすぎではないのか……。そんな不安が、美乃りさんを苦しめました。

真夜中に急に飛びおき、となりで眠《ねむ》っている美誠さんの胸《むね》に手をあて、心臓《しんぞう》が動いているのを確認《かくにん》したこともあります。

美誠さんは「お母さんほど、こわい人はいない」と言います。愛するわが娘《むすめ》にそう言われるのは、母親としてつらいことでしょうが、それは美乃りさんがあえて

こわいけれどやさしい
お母さんと。

ここが、「訓練」の行われていたリビングルームです。

望んだことでもありました。

「お母さんがこの世の中でいちばんこわいって思ってくれたら、ほかのところでどれだけおこられても、がまんできるだろうと思っていました。美誠にはそんなたくましさも、身につけてほしかったんです」と美乃りさんは言います。

そしてその思いはしっかりと、美誠さんに伝わっていたようです。

美誠さんの手紙

国内の大会でもっとも歴史のある全日本卓球選手権大会《ぜんにほんたっきゅうせんしゅけんたいかい》には、子どもが参加できるカテゴリーが三つあります。小学六年生以下の「ホープス」の部、小学四年生以下の「カブ」の部、小学二年生以下の「バンビ」の部です。

美誠さんがはじめてバンビの部に出場したのは、まさにリビングでの特訓がはじまった四歳《さい》のときでした。

相手は小学生でしたから、さすがに勝ちあがることはできませんでしたが、はじめて大きな大会に出場した美誠さんの胸《むね》は、よろこびでいっぱいになりました。

「試合は訓練とちがって、自分が思ったとおりにプレーできる。楽しくて楽しくて、緊張《きんちょう》なんてぜんぜんしませんでした」

美誠さんは「卓球をやめたくなったことは一度もない」と言います。それは卓球が楽しかったからだけではありません。

訓練がおわると、美誠さんはかならず「ママだっこして」とあまえました。訓練がきびしくなればなるほど、美誠さんはお母さんに抱《だ》きしめてほしかったのです。

テレビでこんなシーンが放映《ほうえい》されたこともあります。

「お母さんと卓球、どっちが好き?」

自宅《じたく》での練習中にそう質問《しつもん》されると、美誠さんは「お母さん」と小さな声でつぶやくと、「えへへへ」とてれ笑いをうかべました。そして「ぜったい、ママに言っちゃだめだよ」と言いのこして、走ってカメラのまえから姿《すがた》を消しました。

お母さんあての手紙を毎日たくさん書いていました。

小学1年生の美誠さん。練習中の笑顔《えがお》です。

この年の全日本卓球選手権大会(バンビの部)は3位の成績《せいせき》でした。

美誠さんは、お母さんの愛情《あいじょう》をしっかりとうけとめながら、ラケットを振《ふ》っていたのです。

そんな美誠さんは、絵や文章をかくのが大好きでした。少しでも時間があると、卓球台の上にチラシやびんせんを広げて、色えんぴつを走らせます。

ある日、美誠さんは美乃りさんに一枚《まい》のびんせんを手わたしました。

そこには、訓練をしているふたりの絵と、おさない字でこんな文章がかかれていました。

「ままたっきゅうのれんしゅうとあいてありがとう‼　みまもたっきゅうがんバっるからね‼」

その手紙は、美乃りさんのたいせつな宝物《たからもの》です。

第二章

平《ひら》野《の》美《み》宇《う》——「みうはみう！」

全日本《ぜんにほん》卓球《たっきゅう》選手権《せんしゅけん》大会《たいかい》（バンビの部）は、小1のときに優勝《ゆうしょう》しました。

お母さんの卓球《たっきゅう》教室

平野美宇《ひらのみう》さんは、二〇〇〇年四月十四日、お父さんの光正《みつまさ》さんと、お母さんの真理子《まりこ》さんの長女として生まれました。伊藤美誠《いとうみま》さんの誕生日《たんじょうび》は、おなじ年の十月二十一日ですから、美宇さんのほうが半年ほどはやく生まれたことになります。

美宇という名前は、その年の二月にアメリカのＮＡＳＡ《ナサ》（アメリカ航空宇宙局《こうくううちゅうきょく》）が打ちあげたスペースシャトル・エンデバー号から送られてきた、宇宙の映像《えいぞう》の壮大《そうだい》さと美しさに感動した光正さんが、「宇宙のように広く美しい心を持った人間になってほしい」という願いをこめてつけたものです。

美宇さんが生まれたのは、真理子さんの故郷《ふるさと》の静岡県沼津市《しずおかけんぬまづし》です。当時、光正さんは医師《いし》をめざして宮崎《みやざき》の大学で勉強中で、真理子さんは静岡県内の特別支援《しえん》学校や小中学校で、教師《きょうし》として働いていました。

美宇さんが二歳《さい》の誕生日《たんじょうび》をむかえるころ、親子三人は光正さんの故郷《ふるさと》の山梨県《やまなしけん》田富町《たとみちょう》（現在《げんざい》の中央市《ちゅうおうし》）にひっこしました。

平野家は、お父さんもお母さんも卓球選手でした。

光正さんは、高校時代に山梨県代表としてインターハイに出場、筑波大学《つくばだいがく》卓球部では主将《しゅしょう》をつとめ、全日本卓球選手権大会《ぜんにほんたっきゅうせんしゅけんたいかい》にも出場しました。真理子さんも、光正さんとおなじ筑波大学の卓球部で主将になり、中学校の教師《きょうし》をしていたときは卓球部の顧問《こもん》をつとめ、全国教職員大会《きょうしょくいん》でベスト８《エイト》に入賞しました。

妹の世和《せわ》さんが生まれたのは、美宇さんがもうすぐ三歳になるときです。学校の先生をやめた真理子さんは、しばらくすると子育てのあいまをぬって、自宅《じたく》の二階の卓球場で地元の小学生たちに卓球を教えるようになりました。

当時、真理子さんの卓球教室は、週に二回のペースで開かれていました。ラケットを振《ふ》る小学生のなかには、美宇さんの四歳上のいとこで、のちに日本代表に名をつらねた村松雄斗《むらまつゆうと》くんもいました。

お母さんやいとこといっしょに遊びたかった美宇さんですが、卓球場に入ることは許《ゆる》されませんでした。「あぶないから、美宇は卓球場に入っちゃだめ」と、真理子さんにくぎをさされていたからです。

お母さんが卓球の指導《しどう》をしているとき、美宇さんはいつもひとりぼっちでした。卓球場の入口までついていくこともありましたが、美宇さんはいつもそこでお母さんとわかれます。ドアにはめられたすりガラスにほっぺたをくっつけて、なかの様子をのぞくことしかできませんでした。

美宇さんがいつもとちがう行動に出たのは、三歳《さい》の誕生日《たんじょうび》をむかえてから半年ほどたったときのことです。いつものように卓球場のドアをしめようとする真理子さんの服のすそを、両手でつかんで泣きさけんだのです。

「ママの卓球教室に入れて！」

真理子さんは、「ちょっとさびしいだけかな」と思ったのと、なかはあぶないし生徒たちの迷惑《めいわく》になると考えたので、卓球教室には入れてあげませんでした。ところが、つぎの練習日も美宇さんはおなじことを言ったのです。

「お願いだから、ママの卓球教室に美宇も入れて」

ふだんは聞きわけのいい美宇さんが、だだをこねるなんて、真理子さんはおどろきました。

「美宇は、本気で卓球をやりたいの？」

真理子さんが聞くと、美宇さんは大きくうなずきました。その表情《ひょうじょう》を見た真理子さんは娘《むすめ》の強い気持ちを感じとり、こんなことばを返しました。

「ほかの人のじゃまになってしまうでしょ。だから、最初はママとふたりで練習しよう。うまくなったら卓球教室に入れてあげるね」

キティちゃんにごはんを

「二階の卓球場に入れずに、さびしい思いをしていました。お母さんといっしょにいたくて、おねだりしたんです。最初は五分ぐらいだったと思うのですが、お母さんとボールを打てるのが楽しくて、夢中《むちゅう》になりました」

美宇さんは、卓球をはじめたころの思い出をそう語ります。

真理子さんが娘《むすめ》のために考えた練習メニューは、ユニークなものばかりです。

最初はラケットを水平にして、ピンポン球をラバーの上ではずませる練習からはじめました。ボールを床《ゆか》に落とさずに何回つづけてはずませられたか、その回数分のまるい磁石《じしゃく》を、ホワイトボードにならべていきます。はじめのうちは、磁石をひとつずつかぞえていたのですが、真理子さんから十のかたまりについて教わると、美宇さんは十ずつかぞえて合計を計算するようになりました。

「卓球の練習というより、小学校の先生にもどって授業《じゅぎょう》をしているような気持ちでした。卓球を使って親子で遊んでいましたね」と真理子さんはふりかえります。

そのつぎに真理子さんが用意したのは、美宇さんが大好きなキティちゃんのぬいぐるみです。キティちゃんのぬいぐるみを卓球台のはしに置くと、美宇さんにこんなことばをかけました。

「さあ、キティちゃんにごはんをあげましょうね」

白くてまるいピンポン球をおにぎりに見立てて、ぬいぐるみのおなかにあてることができれば、キティちゃんはごはんを食べたことになります。

お母さんの声にうなずいた美宇さんは、慎重《しんちょう》にねらいをさだめます。右手ににぎりしめたシェイクハンドのラケットをさっと振《ふ》ると、コンという音を残して卓球台の上ではずんだボールは、ネットをこえてワンバウンドしたあと、きれいにキティちゃんのおなかにあたりました。

「やった〜」

「すごいね、美宇」

お母さんにほめられると、美宇さんの顔が笑《え》みでいっぱいになります。

キティちゃんにごはんをあげると、真理子さんは、ひらがなが一文字ずつ書かれた積み木を卓球台の上にならべました。

「ひ」「ら」「の」「み」「う」

「き」「て」「い」「ち」「や」「ん」

「ひ」「こ」「う」「き」

順番にならべられた積み木を、美宇さんはつぎつぎとピンポン球をあててたおしていきました。

真理子さんがおどろいたのは、美宇さんの集中力です。

それまでも、たとえば折り紙で遊びだせば、納得《なっとく》するまでなんどもなんども折りなおし、紙をぼろぼろにしてしまうほど夢中《むちゅう》になる女の子でしたが、卓球も練習をはじめると、人がかわったかのように集中しました。積み木の的あても、失敗するとくやしくてしかたありません。うまくなりたい一心で、お母さんに「もっと、練習したい」とうったえるのです。

五分からはじまった母と娘《むすめ》の「親子遊び」は、すぐに十分、二十分になり、いつしか一時間をこえる「練習」になっていました。

はじめての大会出場

お母さんの卓球教室で、みんなといっしょに練習ができるようになったのは、四歳《さい》の誕生日《たんじょうび》をむかえる直前のことです。

いとこの村松くんや、ほかの小学生といっしょにコートに立つと、おさなさが目だちましたが、必死になってみんなの練習についていきました。

ラリーをつづけられるようになると、真理子さんはこう声をかけました。

「美宇、これでサーブが打てるようになったら、試合に出られるね」

美宇さんはますますはりきって、サーブ練習をはじめます。

「『じゃん、けん、ぽん』『あん、ぱん、まん』のリズムで打ってごらん」

真理子さんの指導《しどう》にあわせて、サーブを出していきます。気がつけば、美宇さんは卓球をはじめて半年ほどで、試合で使うほとんどの基本的《きほんてき》な技術《ぎじゅつ》をマスターしていました。

卓球教室に参加するようになった数日後、美宇さんはいよいよ実戦デビューをはたします。地元で開かれた、ラージボールの大会でした。

ふつうの大会で使われるボールの大きさは直径四十ミリ、重さ二・七グラムですが、ラージボールは直径四十四ミリ、重さ二・二〜二・四グラムと、大きくて軽いのが特徴《とくちょう》です。そのぶんだけ打球のスピードがおそくてコントロールしやすいので、ラリーがつづきやすく、年配の人たちにとても人気があります。

そんな地元の交流大会に、お母さんの卓球教室に通う先輩《せんぱい》の小学生たちと、チームを組んで出場したのです。

髪《かみ》の毛《け》をむすんだ美宇さんがコートに姿《すがた》を見せると、みんなの視線《しせん》はその小さな背中《せなか》にくぎづけになりました。美宇さんが相手の台にやまなりのボールを返すと、大きな拍手《はくしゅ》が起こります。ミスをすると、相手の選手にこんな声が飛びます。

「ちゃんと、打ちやすいところにボールを返してあげないとだめじゃないか」

「美宇ちゃんは、まだ三歳《さい》だぞ」

会場は笑いにつつまれましたが、美宇さんは夢中《むちゅう》になってプレーをつづけ、ただただボールが行ったり来たりするのを楽しんでいました。

美宇さんは、そのときのことをはっきりと覚えています。

「まだ小さかったから、相手の人がものすごく遠慮《えんりょ》してくれて、会場のみんなが応援《おうえん》してくれました。とにかくラリーがつづくことがうれしかった。練習も大好きでしたが、試合でプレーするのって、もっと楽しいことに気づきました」

泣き虫美宇ちゃん

ラージボール大会でデビューした美宇さんは、その二か月後の六月、全日本卓球選手権大会バンビの部（小二以下）の山梨県予選に出場しました。

結果は準優勝《じゅんゆうしょう》で、九月の全国大会に出場しました。一勝一敗の成績《せいせき》で、予選リーグ敗退《はいたい》となりましたが、四歳《さい》五か月、幼稚園《ようちえん》の年少での全国大会出場と勝利は、とても大きな自信になりました。

美宇さんは、卓球をするのが楽しくてしかたありませんでした。勝っても負けても試合がおわると、笑顔《えがお》でお母さんの胸《むね》に飛びこみました。

ところが、五歳になったころから、様子がかわりはじめます。試合に負けそうになると、くやし涙《なみだ》をながすようになったのです。ボールがアウトになったのに、「みうの点数」とだだをこねて、泣きだしたこともありました。

真理子さんが「そんなに泣くのなら、もうやめてもいいんだよ」と声をかけると、美宇さんは「やめない」とこたえます。そして、「美宇は強くなりたい。もっと練習する」と言って、負けずぎらいな一面を見せるのです。

「第二の愛《あい》ちゃん」という見出しが新聞にのったのは、二〇〇五年五月のことでした。「第二の愛ちゃん」の愛ちゃんとは、もちろん福原《ふくはら》愛選手のことです。美宇さんの活躍《かつやく》ぶりを取材した記者が、おなじように幼稚園《ようちえん》のころから全国大会に出場していた福原選手のことを思いだし、そんな見出しをつけたのです。

「新聞で紹介《しょうかい》されるなんて、いい記念になったね」と真理子さんはよろこびましたが、記事が掲載《けいさい》された翌日《よくじつ》から、たくさんの取材依頼《いらい》がまいこみはじめました。

美宇さんの名前は広く知られていきましたが、紹介されるときにはかならず、「第二の愛ちゃん」とか「愛ちゃん二世」ということばがついていました。

「美宇は自分に負けたんだよ。かなしいの、くやしいの、どっち？」

そんな真理子さんの問いかけに、美宇さんが泣きながら「くやしい」と声をしぼりだす姿《すがた》は、多くの人たちにとって、福原選手がおなじぐらいの年齢《ねんれい》だったときの「泣き虫愛ちゃん」の映像《えいぞう》とかさなったのです。

お母さんの立てた計画

福原選手は、全国の卓球少女にとってあこがれの存在《そんざい》でした。

三歳《さい》九か月で卓球をはじめると、すぐに「天才卓球少女」として注目され、国民的アイドルになりました。うまくボールを返せなくて泣くシーンが注目されたこともありましたが、その後、全日本卓球選手権大会のバンビ、カブ、ホープスの部でつぎつぎと優勝《ゆうしょう》をかざります。小学四年生でプロ宣言《せんげん》をして、ミキハウスと専属《せんぞく》契約《けいやく》をむすんだことも話題になりました。ミキハウスというのは、子ども服のメーカーで、スポーツ選手の活動を支援《しえん》することに力を入れている会社です。

二〇〇三年には、十四歳のわかさで世界卓球選手権《せかいたっきゅうせんしゅけん》パリ大会に出場し、女子シングルスでベスト８《エイト》に進出する活躍《かつやく》を見せました。翌年《よくねん》には十五歳で、アテネオリンピックにも出場します。「泣き虫愛ちゃん」は、日の丸を背負《せお》ってたたかうトップアスリートに成長したのです。

美宇さんにとっても、福原選手は特別な存在《そんざい》でした。

そのプレーはもちろん、かわいらしいファッションにもあこがれ、いつか福原選手とダブルスを組みたいという夢《ゆめ》を口にしたこともありました。

福原選手とエキシビション（公式の記録には残らない試合）で対戦し、当時の福原選手の代名詞《だいめいし》だった「王子《おうじ》サーブ」をみごとにレシーブエースで返して、観客から大きな歓声《かんせい》と拍手《はくしゅ》をあびたこともありました。

けれども、そうして美宇さんが「愛ちゃん二世」として注目されればされるほど、真理子さんはとまどうようになります。

「愛ちゃん二世なんてさわがれると、美宇もオリンピック出場をめざしているように思われますよね。でもわたしたち家族は、卓球を楽しんで、いい思い出をたくさんつくってほしいということだけを願っていました。ところが、愛ちゃん二世のイメージが大きくなりすぎて、美宇の夢《ゆめ》や気持ちとは関係なく、トップアスリートをめざさなくてはならないようなプレッシャーがありました。いちばん大事なのは本人の気持ちなのに、どうしたらいいのか不安がつのるばかりでした」

美宇さん自身も、自分をとりあげるテレビ番組や新聞記事に「愛ちゃん二世」というフレーズがついていると、だれのことなのかわからなくなってきました。

「どうして美宇の記事なのに、愛ちゃんって書いてるの？」

すなおな疑問《ぎもん》を、真理子さんにぶつけたこともありました。

そんなあるとき、テレビ局のスタッフが美宇さんに聞きました。

「第二の愛ちゃんって呼《よ》ばれているけど、うれしい？」

すると、美宇さんはこうこたえたのです。

「みうは、みう！」

まわりの人がなんと言おうと、わたしは美宇。どんなときもわたしは自分らしくいたい。真理子さんにはそう聞こえました。

つぎの年のお正月、美宇さんは書きぞめでそのことばを書きました。書道用の長い和紙に「みうはみう」とふとい筆でしたためたのです。

5歳《さい》のお正月の書きぞめです。

そのころの真理子さんは、美宇さんの将来《しょうらい》について、こんなプランをえがいていました。

「小学二年生以下が出場するバンビの部なら、まだ卓球をはじめている人は少ないので、挑戦《ちょうせん》をつづければ優勝《ゆうしょう》する可能性《かのうせい》はじゅうぶんあると思いました。それまで必死にがんばっていい結果を出して、そのあとは、愛ちゃん二世としてではなく、ほんとうの美宇らしくのんびりと、趣味《しゅみ》として卓球をつづけさせようと考えたんです」

このころの美宇さんは、将来の夢《ゆめ》を聞かれると「キティ屋さんになりたい」とこたえていました。

ターニングポイント

美宇さんは、お母さんや卓球教室の仲間との練習にはげみつづけました。

五歳《さい》になった二〇〇五年七月には、全日本卓球選手権大会バンビの部に二度目の出場をはたしましたが、トーナメントの一回戦で負けました。バンビの部には女子だけで五十人も出場しており、全国各地に「第二の愛ちゃん」をめざす女の子たちがいたことになります。おない年の美誠さんも静岡県代表で出場し、おなじく一回戦で敗れていました。

幼稚園《ようちえん》に通う女の子が小学生に勝つのは、とてもむずかしいことでした。

一日の練習時間は二時間から三時間にふえました。けれども、美宇さんが卓球に打ちこめば打ちこむほど、真理子さんはあたらしいなやみと向きあうことになります。

「練習のやりすぎじゃないかという批判《ひはん》の声が聞こえてきました。バンビの部で優《ゆう》勝《しょう》させたい気持ちは、たんなる親のわがままなのではとも考えました。でも、もっと長時間練習している子どもたちがいることを、わたしは知っていました。とにかく一度、なんとか結果を出させてあげたい。そうすれば、第二の愛ちゃんから卒業して、美宇は美宇らしくのんびり生きていけると思っていました」

二〇〇六年のバンビの部ではベスト16まで勝ちすすみ、一年後の二〇〇七年七月、小学生になった美宇さんは、兵庫県神戸市《ひょうごけんこうべし》で開かれた全日本卓球選手権大会バンビの部で、ついに優勝《ゆうしょう》カップを手にしました。

小学二年生までが対象のバンビの部で一年生が優勝するのは、福原選手以来十二年ぶりの快挙《かいきょ》でした。

「第二の愛ちゃんとしての役目もはたしたし、記者の人たちには、これからは美宇のペースでのんびりと、趣味《しゅみ》として卓球をつづけます。今までありがとうございましたとお話しするつもりでした」と真理子さんはふりかえります。

ところが、お母さんよりさきにマイクを向けられた美宇さんは、「わたしの夢《ゆめ》はオリンピックで金メダルをとることです」と口にしたのです。

あわてた真理子さんは「美宇の夢は、キティちゃんのお店を開くことでしょ」と耳もとでささやきましたが、美宇さんは「ちがうの、ママ」と首を振《ふ》りました。

「みうの夢《ゆめ》は、オリンピックで金メダルをとることなの」

こんなにはっきりとした言いかたをするのは、卓球場に入りたいとだだをこねたとき以来かもしれません。

「これはもう、わたしが覚悟《かくご》を決めるしかないと考えました」と真理子さんはこのときの気持ちを思いだします。

「美宇が本気でオリンピックをめざすのなら、わたしの手もとに置いておいたらだめだ。もっと優秀《ゆうしゅう》なコーチについて、もっと強いパートナーとボールを打たなければいけないと思いました。そうなると、遠征《えんせい》や合宿もふえ、人生の多くの時間を卓球に費《つい》やすことになるでしょう。でも、卓球での体験が人としての成長につながることは、福原さんがしっかりと証明《しょうめい》してくれていました。勉強はしたいと思ったとき、必要なときにすればいい。今しかできないことに全力をつくそう。あとは、母親であるわたしが、覚悟《かくご》を決めればいいだけなんだ。そう自分に言いきかせました」

前列左から、亜子《あこ》さん、美宇さん、世和さんの３人姉妹と、お母さん、お父さんの５人家族です。

8歳《さい》のころ、お母さんの真理子さんが教える卓球教室で。

デビュー戦は、地元で開かれたラージボールの大会でした。

バンビの部の優勝《ゆうしょう》カップは、美宇さんをあらたなステージへみちびいてくれたのです。

第三章

ともだちだけどライバル

試合のあいまに。

ひとりじゃない

静岡県磐田市《しずおかけんいわたし》にある伊藤美誠《いとうみま》さんの自宅《じたく》のリビングルームの壁《かべ》には、ラケットを手にしたふたりの女の子がモデルをつとめたポスターがはってあります。

卓球《たっきゅう》用品メーカー「ニッタク（日本卓球株式会社《にっぽんたっきゅうかぶしきがいしゃ》）」のポスターです。黄色いユニフォーム姿《すがた》に、ヘアバンドとリストバンドをしているのが美誠さん、そのとなりで赤いユニフォームを着ているひとまわり大きな女の子が、平野美宇《ひらのみう》さんです。

ほかにも、ふたりがいっしょに出場した大会でのスナップや、プレー中の写真などがかざられ、人気バンド「DREAMS《ドリームズ》　COME《カム》　TRUE《トゥルー》」の吉田美和《よしだみわ》さんと中村正人《なかむらまさと》さんにはさまれたふたりが、笑っている写真もあります。美誠さんと美宇さんの仲のよさや、ふたりが子どものころから卓球界のわくをこえて注目されていたことなどがわかります。

美宇さん(右)と美誠さん(左)のポスターです。ふたりが５歳《さい》のときに撮影《さつえい》しました。

「美宇ちゃんや卓球の大会でいっしょになったおともだちとの写真を、目につく場所へいっぱいはりつけました。美誠にいい刺激《しげき》をうけてほしいと思ったからです」

とお母さんの美乃《みの》りさんは言います。

「ふたりっきりで、夜おそくまで練習していると、美誠もさびしくなることがあります。そういうときに、がんばっているのは美誠だけじゃない、おなじように卓球が大好きで練習しているおともだちがいるということを、感じていてほしかったんです」

美誠さんは、美宇さんとすぐなかよしになりました。

「いろんな大会で美宇ちゃんと会うのが楽しみでした。ともだちだけど、試合になると負けたくない、ふしぎな感覚でした。でも、あのころは美宇ちゃんがほんとうに強くて、どうしてこんな強い子がいるんだろうって思っていました」

田富北小学校《たとみきたしょうがっこう》一年生の美宇さんが、全日本卓球選手権大会《ぜんにほんたっきゅうせんしゅけんたいかい》バンビの部（小二以下）で優勝《ゆうしょう》したとき、美誠さんもがんばって準決勝《じゅんけっしょう》まで進みましたが、一学年上の選手に、フルセットの大接戦《だいせっせん》のすえに敗れました。

その翌年《よくねん》、美誠さんはバンビの部で優勝《ゆうしょう》するのですが、美宇さんはカブの部（小四以下）に挑戦《ちょうせん》し、決勝まで進んで関係者をおどろかせました。美誠さんにとって美宇さんは、いつか追いつきたいライバルでもあったのです。

当時の美誠さんがつけていた卓球ノートには、美宇さんに負けた試合を分析《ぶんせき》したメモがのこっています。

〈みうちゃんがサーブのとき、フォアまえにだされて、みまがバックにうってくださいつっつきをやったから、バックドライブでフォアをぬかれました。〉

〈つっつき〉というのは、相手から下回転のかかったボールがきたときに、ラケットをまえにつっつくようにして打ちかえすレシーブ技術《ぎじゅつ》です。〈うってくださいつっつき〉とは、打ちやすいところにボールを返してしまったことに対する、反省の表現《ひょうげん》でしょう。

そうやって、自分が悪いところをしっかりとチェックしながら、美誠さんは美宇さんの背中《せなか》を必死になって追いかけたのです。

美宇さんにとっても、美誠さんは特別な存在《そんざい》でした。

「五歳《さい》ぐらいのときに、美誠ちゃんに試合で負けたことがあるんです。そのとき、自分の気持ちのなかにくやしいという感情《かんじょう》があることを、はじめて知りました。それまでも、自宅《じたく》の卓球場で家族と試合をして負けて泣いたりしていたのですが、くやしいという気持ちをはっきり理解《りかい》したのは、あれがはじめてでした」

美宇さんはそう語ります。

ふだんはおとなしくて、おっとりとした性格《せいかく》の美宇さんが「もっと練習したい」とお母さんの真理子《まりこ》さんにうったえたのは、美誠さんに負けたくやしさが忘《わす》れられなかったからでした。

中国人《ちゅうごくじん》コーチ、そして武者修行《むしゃしゅぎょう》

バンビの部で優勝《ゆうしょう》した美宇さんは、そのあとも多くの大会に出場して、目を見はる成績《せいせき》をのこしていきます。

小学二年生のときは、県予選を勝ちすすみ、全日本卓球選手権大会ジュニアの部（高二以下）への出場をはたしました。

近年、全日本卓球選手権大会のホープス、カブ、バンビの部は毎年七月に神戸《こうべ》で、カデットの部（中二以下）は毎年十一月に全国各地で、ジュニアの部と年齢制《ねんれいせい》限《げん》のない一般《いっぱん》の部は毎年一月に東京《とうきょう》で開かれています。

美宇さんは、七月、十一月、一月のすべての大会に出場しましたが、ジュニアの部では、初戦であたった高校生に勝ち、福原愛《ふくはらあい》選手が小学四年生のときにつくったジュニアの部最年少出場記録と最年少勝利記録を、ともに二年更新《こうしん》しました。

「オリンピックで金メダルをとる」という美宇さんの夢《ゆめ》をサポートすることを決めた真理子さんは、その活躍《かつやく》に目をほそめましたが、ひとつ心配なことがありました。

地元には、世界をめざすための指導《しどう》ができるコーチや練習パートナーが、なかなか見つからなかったのです。

卓球関係者から情報《じょうほう》を集めた真理子さんが白羽の矢を立てたのは、かつて中国《ちゅうごく》代表選手として活躍《かつやく》していた陳莉莉《ちんりり》さんでした。美宇さんが小学三年生になったときのことです。

一九六三年に中国の広東省《カントンしょう》で生まれた陳さんは、世界ランキング五位にランクされた実力者です。一九八五年に来日して、愛知県《あいちけん》の実業団《じつぎょうだん》チームに所属《しょぞく》すると、全日本社会人卓球選手権大会《ぜんにほんしゃかいじんたっきゅうせんしゅけんたいかい》の女子シングルスで四回も優勝《ゆうしょう》するなど、日本でも多くの実績《じっせき》をのこしました。

当時、陳さんは横浜《よこはま》でくらしていましたが、月に二度、一泊《ぱく》二日の日程《にってい》で、美宇さんの指導をお願いしたのです。

さらにおなじころ、真理子さんは美宇さんに「冒険《ぼうけん》」ともいえるあたらしい環境《かんきょう》を用意しました。

陳さんのレッスンがない週末や、学校が夏休みや冬休みをむかえたときに、大阪《おおさか》のミキハウスに、美宇さんをひとりで武者修行《むしゃしゅぎょう》に行かせることにしたのです。

ミキハウスの卓球チームは、おとなの契約《けいやく》選手だけではなく、地元の四天王寺《してんのうじ》中学高校《ちゅうがくこうこう》の女子選手たちのこともサポートしていました。

美宇さんの家からミキハウスがある大阪の八尾市《やおし》までは、JR《ジェイアール》の在来線《ざいらいせん》と東海道新幹線《とうかいどうしんかんせん》を乗りつぎ、それから地下鉄や近鉄《きんてつ》電車を使って、片道《かたみち》六時間近くもかかります。小学三年生の女の子には、たどりつくだけでもたいへんでしたが、美宇さんは泣きごとひとつ言わずに、年上のおねえさんたちといっしょに練習をつづけました。

陳さんの指導《しどう》やミキハウスでの練習で、美宇さんはお母さんといっしょに身につけた正確《せいかく》なボールコントロールを、さらにみがきあげていきます。

小学三年生の七月、全日本卓球選手権大会カブの部の準決勝《じゅんけっしょう》で、美宇さんと美誠さんは対戦しました。会場の注目を集めるなかでの大接戦《だいせっせん》になりましたが、美宇さんがゲームカウント3－2で勝ち、つぎの決勝にも勝って、バンビの部につづく二階級制覇《せいは》を達成します。

その半年後にはおとなたちにまじって山梨県《やまなしけん》予選を勝ちぬき、ついに全日本卓球選手権大会一般《いっぱん》の部に最年少出場をはたしました。おしくも一回戦で負けてしまいましたが、年齢制限《ねんれいせいげん》のない一般の部は、日本を代表する選手たちが日本卓球界の頂点《ちょうてん》をあらそう舞台《ぶたい》です。はじめてそのコートでプレーした美宇さんは、試合後に開かれた福原選手の記者会見に姿《すがた》を見せると、報道陣《ほうどうじん》のまえで、あこがれの人にこんな質問《しつもん》をしました。

「もし、美宇がもっとうまくなったら、ダブルスを組んでくれますか？」

「もちろん」

そう笑顔《えがお》でこたえた福原選手は、会見場を出るとき、そうっと美宇さんのうしろに近づくと、妹のような後輩《こうはい》が着ていたパーカーのフードを頭にかぶせて、記者たちの笑いをさそいました。

水谷《みずたに》隼《じゅん》選手と「豊《とよ》スポ」

美誠さんが磐田北小学校《いわたきたしょうがっこう》に入学してからも、美乃りさんの「訓練」はつづきました。小学生になると、時間の長さだけではなく、内容《ないよう》にもさまざまな工夫《くふう》が加えられるようになりました。

両足をぺたんと床《ゆか》につけたまま、腕《うで》の振《ふ》りだけでボールを返す練習や、ボールを見ないでラケットにあてる練習をしました。ボールを強く打つ日と弱く打つ日を一日交代にしたり、おしゃべりしながらの練習時間となにもしゃべらない練習時間を、わけたりもしました。きき腕の右手ではなく左手で打つ練習もしましたが、それはからだのバランス感覚を養うためでした。

地元の卓球クラブの練習に顔を出すこともありました。趣味《しゅみ》で卓球をはじめたばかりのおとしよりやママさん選手とも、美誠さんは積極的にボールを打ちあいました。

「卓球をはじめたばかりの人は、常識《じょうしき》では考えられないフォームで打ったり回転をかけたりするので、そうした人たちのボールにあわせてプレーするのも、いい経《けい》験《けん》になるんです」

美乃りさんはその目的を語りますが、美誠さんに言わせると「いろんな人と試合をするのがものすごく楽しかった」そうです。

「ふだん、お母さんと練習していることを試合でためしたり、その場で思いついた、それまで練習したことのないプレーをすることもありました。ジュースをかけて試合をしたこともありましたが、自分が、勝負ごとが大好きで負けずぎらいなことをはじめて自覚しました。背中《せなか》のリュックが、ジュースでいっぱいになることもありましたよ。試合に勝つためにいろんな技術《ぎじゅつ》を使うことが楽しかったです」

そんな美誠さんには、すてきな遊び相手がいました。

十代のころから、絶対的《ぜったいてき》なエースとして日本の卓球界をひっぱりつづけてきた水《みず》谷隼《たにじゅん》選手です。

まったくの偶然《ぐうぜん》ですが、水谷選手が生まれ育った家と美誠さんの自宅《じたく》は、歩いて数分の距離《きょり》にあったのです。水谷選手は、美誠さんとおなじ磐田北小学校を卒業したあと、地元の中学に進みましたが、一年で青森県《あおもりけん》にある中高一貫《いっかん》のスポーツ名門校、青森山田中学校《あおもりやまだちゅうがっこう》に転校します。そしてすぐに日本をはなれてドイツに留学《りゅうがく》し、卓球のプロリーグに挑戦《ちょうせん》していました。ドイツから磐田の実家に帰省していたとき、美乃りさんがあいさつに行ったのが、交流がはじまるきっかけでした。美誠さんがまだ、小学校に入学する前のことです。

水谷選手は、当時のことをこうふりかえります。

「いきなりお母さんがこられて、『隼くん、これからよろしくね』ってあいさつされて、とてもびっくりしました。それからは、ドイツから帰ってくるたび、美誠の家に顔を出すようになりました。美誠とは、リビングの卓球台でラリーをして遊びました。美誠はちっちゃいころから、子どもとは思えない自由で大胆《だいたん》なプレーをしていましたね」

水谷選手と美誠さんのつながりは、それだけではありません。

美誠さんは小学二年生になると、地元の「豊田町卓球《とよだちょうたっきゅう》スポーツ少年団《しょうねんだん》」の練習に参加するようになるのですが、その「豊《とよ》スポ」の代表が、水谷選手のお父さんの信雄《のぶお》さんだったのです。お母さんの万記子《まきこ》さんも、コーチとして子どもたちを教えていました。

豊スポは、美誠さんがはじめて所属《しょぞく》したチームです。週に二回の豊スポの練習は、とてもたいせつな時間になりました。

「豊スポの練習は、いろんな人たちとボールが打てるので大好きでした。豊スポのある日は、はやくみんなと卓球したいってずっと思っていました」と美誠さんは笑《え》顔《がお》でふりかえります。

美誠さんが豊スポに参加しはじめた年、水谷選手は全日本卓球選手権大会の男子シングルスで優勝《ゆうしょう》しました。史上最年少の十七歳《さい》七か月で日本卓球界のトップに立った水谷選手でしたが、時間を見つけて豊スポの練習にも顔を出してくれました。

「隼くんのプレーはダイナミックでかっこいいし、ボールタッチは魔法《まほう》みたいにやわらかい。見ていてわくわくする、すごい卓球だなって思いました」

そう語る美誠さんは、お兄さんのような存在《そんざい》の水谷選手の活躍《かつやく》に、自分の未来をかさねていたのかもしれません。

はじめての海外遠征《えんせい》、はじめての世界ランキング

二〇〇八年から八年間、女子の日本代表チームをひきい、二〇一二年のロンドンオリンピックでは、団体戦銀《だんたいせんぎん》メダルにチームをみちびいた村上恭和監督《むらかみやすかずかんとく》は、中国のある省の代表合宿をはじめて見たときのおどろきを、今も覚えています。美宇さんと美誠さんが生まれるより、ほんの少し前のことです。

「まだ五歳《さい》にもならない子どもたちが、一所懸命《いっしょけんめい》練習していました。中国には省ごとに代表チームがありますが、そのメンバーに入れるのは、おさないころからきびしい競争を勝ちぬいてきた選手だけです。首都北京《ペキン》の代表チームに入り、オリンピックや世界選手権《せんしゅけん》で活躍《かつやく》するようになるためには、さらにきびしい競争を勝ちぬかなくてはなりません。国をあげて子どもたちの才能《さいのう》を育てていく光景は、日本では見たことのないものでした」

日本では、ジュニア世代を育成する環境《かんきょう》は、卓球にかぎらず中学や高校の部活動が中心でした。卓球界では、たまたま福原選手や水谷選手のように、特別な才能を持った選手が結果をのこすことはありましたが、十代前半までの才能を計画的にのばしていくプログラムがなかったのです。

「学校の部活動だと、中学なら全国中学校卓球大会《ぜんこくちゅうがっこうたっきゅうたいかい》、高校ならインターハイでの優勝《ゆうしょう》が子どもにとっても指導者《しどうしゃ》にとっても最大の目標で、そのためだけの練習になってしまいがちです。学校のわくをこえ、もっと長期的な視野《しゃ》に立って選手を育成しないと、いつまでたっても中国に勝てない。そう強く感じました」

そんな村上監督《かんとく》の思いは、日本卓球協会《にほんたっきゅうきょうかい》が実現《じつげん》していきます。

美宇さんと美誠さんが生まれた翌年《よくねん》の二〇〇一年に、小学生の代表チームがはじめて結成され、合宿が開かれました。全国から集まった子どもたちは、卓球の技《ぎ》術《じゅつ》や体力の強化はもちろん、メンタルや栄養管理などの分野でも、専門的《せんもんてき》な指導《しどう》をうけられるようになりました。

「海外遠征《えんせい》もふくめたいろんなプロジェクトが進みはじめたころに、美宇と美誠のふたりがあらわれたのです」と村上さんは言います。

美宇さんと美誠さんが、「ホープス合宿」と名づけられたナショナルチームの合宿に参加したのは、小学四年生のときのことでした。「ホープス」は、「期待される人たち」という意味で、卓球界では「小学生」をさすことばです。

その直後の二〇一〇年八月には、ジュニアサーキット・香港《ホンコン》オープンにそろって出場するチャンスも与《あた》えられました。ふたりにとってはじめての海外遠征です。十五歳《さい》以下の選手が出場するカデットの部に出場し、団体戦《だんたいせん》とダブルスでともにベスト8《エイト》に入る健闘《けんとう》を見せました。

女子シングルスでは、美宇さんがベスト32、美誠さんはベスト8まで勝ちすすみ、はじめての国際舞台《こくさいぶたい》でもものおじしない、気持ちの強さを見せました。

国際大会に出場するようになると、国際卓球連盟《こくさいたっきゅうれんめい》からランキングポイントが与えられ、世界ランキングに名前がのります。はじめての世界ランキングは、美宇さんが八百四十一位、美誠さんが四百八十四位でした。

「みうみま」フィーバー

美宇さんと美誠さんの名前がスポーツ新聞の一面を大きくかざったのは、二〇一一年一月、ふたりが小学四年生の三学期をむかえたときのことです。

全日本卓球選手権大会一般《いっぱん》の部で、まずは当時十歳《さい》九か月だった美宇さんが十七歳の高校生をストレートでやぶり、福原選手が持っていた一般の部の最年少勝利記録（十一歳一か月）を、十一大会ぶりに更新《こうしん》しました。すると、そのわずか八分後に、ちがうコートで試合をしていた十歳《さい》二か月の美誠さんも、十九歳の大学生に3－1で勝ち、最年少勝利記録をさらにぬりかえました。

「愛ちゃん超《こ》えた小4コンビ」

「美宇多彩《たさい》な技《わざ》で高3に完勝」

「美誠24種サーブで大学生幻惑《げんわく》」

といった見出しが、つぎの日のスポーツ新聞にならびました。

「友達とライバル。両方です」（美宇さん）、「美宇ちゃんはお友達。でも、試合になったら負けたくない」（美誠さん）というコメントも紹介《しょうかい》されていました。

ふたりの活躍《かつやく》は、さらにつづきます。

その年の八月、大阪で開かれた東《ひがし》アジアホープス卓球大会《たっきゅうたいかい》の女子シングルスで、小学五年生になったふたりは決勝まで勝ちすすみました。どちらが勝っても国《こく》際《さい》大会初優勝《はつゆうしょう》でしたが、美宇さんが3－1で美誠さんをくだしました。

しかし、美誠さんも負けていません。

直後に開催《かいさい》されたジュニアサーキット・韓国《かんこく》オープンに出場すると、カデットの部のシングルスで、十歳《さい》十か月の最年少記録で優勝したのです。美誠さんはそのよろこびを、作文に書きました。

〈私《わたし》のしょう来の夢《ゆめ》は、オリンピックで優勝なので、オリンピック優勝を目指して、がんばりたいです。つけたし。かん国で優勝した事は、夢へいっぽ近づいたきがしました。〉

美誠さんの勢《いきお》いはとまりません。その翌月《よくげつ》に台湾《たいわん》で開かれたジュニアサーキット・チャイニーズタイペイオープンでは、ジュニアとカデットの部のシングルス、カデットの部の団体《だんたい》で優勝し、ひとつの大会で三つもタイトルを獲得《かくとく》しました。

「みうみま」コンビが結果をのこせばのこすほど、ふたりについての記事やテレビ番組もふえていきます。

ふたりともアイドルグループの「嵐《あらし》」や、K《ケー》－POP《ポップ》の「少女時代《しょうじょじだい》」に夢中《むちゅう》になっていること、美誠さんが納豆《なっとう》やオクラなどのねばねば系《けい》の食べものやお肉が好きなことなど、プライベートなこともつぎつぎに記事になりました。

卓球専門《せんもん》の月刊誌《げっかんし》『卓球王国《たっきゅうおうこく》』には、ふたりが大好きな「少女時代」の歌にあわせて、ダンスをおどる写真も掲載《けいさい》されました。そのときのふたりのやりとりが、まんがのふきだしのようにして紹介《しょうかい》されています。

美誠「足の向き、こーだよ」
美宇「え？　こう？」
美誠「ハイ、決めて～」
美宇「ちょっとハズカシイ……」
美誠「次は、こうね」
美宇「みまちゃん、ノリノリだなあ……」

記事の最後には、「勝ち気なみまちゃんと、おっとり型のみうちゃん。性格《せいかく》は全く違《ちが》えど、趣味《しゅみ》や好みが一致《いっち》して、なにより卓球の実力は伯仲《はくちゅう》。お互《たが》いを刺激《しげき》し合う良きライバルとして、これからも卓球界の将来《しょうらい》を背負《せお》っていくことは間違《まちが》いないだろう」と書いてありました。

ダブルスの力

「みうみま」ペアのダブルスが大きな注目を浴びたのは、ふたりが小学六年生で出場した全日本卓球選手権大会のときのことでした。

全日本卓球選手権大会は、一部のシード選手をのぞき、各都道府県で開かれる予選で上位に進出した選手が、出場する権利《けんり》を手にします。本来ならば、山梨県の美宇さんと静岡県の美誠さんがダブルスを組むことはないのですが、年齢制限《ねんれいせいげん》のない一般《いっぱん》の部で四回戦から出場することを、特別に認《みと》められました。

対戦したのは、インターハイでベスト8《エイト》まで進んだ埼玉県《さいたまけん》の高校生ペアでした。

体格《たいかく》とパワー、そして経験《けいけん》でうわまわっているはずの高校生ペアに対し、小学生のふたりはスピードとテンポ、そしてなによりも息のあったコンビネーションでつぎつぎとポイントをうばい、3－1のスコアで勝利をおさめました。あどけない表情《ひょうじょう》をしたふたりの小学生が、全日本卓球選手権大会女子ダブルスの最年少勝利記録を、あっさりとぬりかえたのです。

試合後のインタビューでは、美宇さんが「美誠ちゃんが決めてくれて、心づよかった」と言えば、美誠さんも「わたしが攻《せ》められたのは、美宇ちゃんの技術《ぎじゅつ》のおかげ」と笑顔《えがお》でおたがいのがんばりをたたえあいました。

ダブルスは、返ってきたボールをふたりの選手が交代で打たなければなりません。注意しないと、パートナーとぶつかってしまいます。息のあったすばやい動きと、しっかりとした役割分担《やくわりぶんたん》が求められるのですが、ふたりは、そんなダブルスの相性《あいしょう》がばつぐんでした。

美宇さんには、相手の動きを見ながらコースをねらう技術《ぎじゅつ》がありました。背《せ》が低い選手の弱点になりがちな、ネットの近くに落とされたボールの処理《しょり》もうまく、ラリーとレシーブの正確《せいかく》さも、おとなの選手に負けていません。

美誠さんのいちばんの魅力《みりょく》は、どんな局面でも気おくれせず、積極的なプレーをしかけていくメンタルの強さです。手先も器用で、さまざまな球種を出すことができました。ラリーのなかでドライブとスマッシュを使いわける技術《ぎじゅつ》があり、サーブの種類もたくさん持っていました。

「おたがいタイプがちがうけど、すごくバランスがいいペアだと思います。自分が回転のあるボールを打ちこんで、返ってきたチャンスボールを美誠ちゃんが決めるのが、わたしたちの得点パターンです」

美宇さんが言えば、美誠さんも、

「テンポのはやさが、わたしたちの持ち味です。ふたりともからだが小さいから、ボールを交代で打つとき小まわりがきくんです」

そう言って胸《むね》をはりました。

小学校卒業を間近にひかえた二〇一三年二月、中東《ちゅうとう》にあるカタールの首都ドーハで開かれたワールドツアー・カタールオープンに出場したふたりは、世界最強のペアとたたかうことになりました。半年前のロンドンオリンピック女子シングルスで金メダルを獲得《かくとく》した李暁霞《りぎょうか》選手と銀メダルの丁寧《ていねい》選手の中国ペアと、準決勝《じゅんけっしょう》で対戦したのです。

卓球以外のスポーツならば、いえ、美宇さんと美誠さんでなければ、小学生がオリンピックのメダリストに真剣《しんけん》勝負をいどむなんて、ぜったいにありえません。

ふたりは全力でぶつかりましたが、長く卓球界の頂点《ちょうてん》に立ってきた中国のメダリストペアには、まったく通用しませんでした。返ってくるボールの回転がすごいので、ラケットにあてることはできても、思ったところへボールを返すことはできません。一ゲームもうばえずに、0－3のストレートで敗れました。

しかし、その敗北は、美宇さんと美誠さんにとって大きな財産《ざいさん》になりました。

ふたりが人生をかけてめざす卓球界の頂点の技術《ぎじゅつ》、スピード、パワー、かけひき、そのすべてを、小さなからだと心でうけとめることができたからです。そんな体験は、いくらお金を出しても、手に入れられるものではありません。

「やっぱり、強かった。中国の選手に少しでも近づけるように練習したい」

試合後のインタビューで、ふたりはそう声をふりしぼりました。

第四章

世界をおどろかせた「みうみま」ペア

小学6年生のふたり。

美宇《みう》さんの卒業文集

平野美宇《ひらのみう》さんと伊藤美誠《いとうみま》さんのふたりは、どんな小学校生活をおくっていたのでしょう。

美宇さんは、田富北小学校《たとみきたしょうがっこう》の卒業文集に〈心にのこったことは三つあります。〉と書いています。ひとつは勉強に苦しんだこと、ひとつは卓球《たっきゅう》をがんばったこと、そしてもうひとつは修学旅行《しゅうがくりょこう》でした。

美宇さんは、修学旅行の思い出をこう回想しています。

〈私《わたし》は、フランスの大会から帰ってきてみんなに合流しました。夜はみんなと泊《と》まって楽しかったです。二日目はキッザニアに行きました。誕生日《たんじょうび》の月だったので0キッヅで入れました。マジックも覚えました。移動《いどう》のバスでは少しねむかったです。二日目のホテルは三人部屋ですごくきれいでした。ご飯もおいしかったで

す。三日目はディズニーランドで、ぜっきょう系《けい》にたくさん乗りました。三大マウンテンがすごく楽しかったです。〉

このあと、家族におみやげを買ったことを書いたあと、〈移動《いどう》が大変だったけど、友達と修学旅行《しゅうがくりょこう》に行く事ができて楽しかったです。「もう一回修学旅行があればいいのに」と思いました。〉と、卓球をしているときとはちがう、小学六年生の女の子らしい素顔《すがお》をのぞかせています。

担任《たんにん》だった佐野晶子《さのあきこ》先生は、成田空港《なりたくうこう》からお母さんの真理子《まりこ》さんが運転する車で、宿泊先《しゅくはくさき》の横浜《よこはま》のホテルに合流した美宇さんのことをよく覚えています。

「フランスから帰ってきたばかりなんだから、ちゃんと寝《ね》るのよ」

美宇さんのからだを心配した佐野先生は、そう声をかけたのですが、美宇さんが泊《と》まった四人部屋は、消灯時間をすぎても寝ている様子がありません。廊下《ろうか》から気配を察知した佐野先生は、そのなかのひとりを部屋のそとに呼《よ》びだして注意しました。すると、美宇さんも部屋から出てきて、こうあやまったのです。

「すみません、先生。わたしも、起きていました」

その態度《たいど》に、佐野先生は美宇さんの正直さと、ともだちを思うやさしさを感じたそうです。

道徳《どうとく》の授業《じゅぎょう》で、自分が得意なことを文章で伝える課題にとりくんだときのことも、佐野先生の記憶《きおく》にのこっています。てっきり、「卓球」のことを書くだろうと思っていましたが、美宇さんが提出《ていしゅつ》したのはこんな内容《ないよう》でした。

〈いやだと思わずに、努力することができる。それが自分のいちばんすばらしいところです。〉

その文章を読んだ佐野先生は、二年生のときの担任の先生から聞いたなわとびのエピソードを思いだしました。ふだんから運動神経《しんけい》のよさを見せていた美宇さんですが、一回とんでいる間に交差とびと前まわしをする「はやぶさとび」だけはうまくできませんでした。けれど、卓球のトレーニングのあいまに練習をして、先生にやめなさいと言われるまで連続でとびつづけられるようになった、というのです。

世和《せわ》さんと、さらにその下の妹の亜子《あこ》さんに卓球を教えることもあった美宇さんは、人への気くばりと、努力をつづける才能《さいのう》をはぐくみながら、小学校での六年間をすごしました。卒業アルバムのクラス写真には、はしっこのほうで、はにかんだ笑《え》みをうかべる美宇さんが写っています。

美誠さんの決意

「美誠の笑顔《えがお》を見ていると、声をかけづらかったんです」

そうふりかえるのは、美誠さんのおじいさんの健一《けんいち》さんです。授業《じゅぎょう》がおわった美誠さんをむかえに、お寿司屋《すしや》さんの出前用のバイクで美誠さんが通う磐田北小《いわたきたしょう》学校《がっこう》までかけつけるのが、健一さんの日課でした。

バイクをとめて校舎《こうしゃ》を見ていると、ランドセルを背負《せお》った子どもたちが、笑い声をひびかせながら元気に飛びだしてきます。もちろんそのなかには美誠さんの姿《すがた》もありました。

「家に帰ればまたきびしい訓練が待っていると思うと、声をかけるのがためらわれました。でも、美誠には放課後の楽しいおしゃべりよりもたいせつなものがあるんだと、考えるようにしていました」

人なつこい性格《せいかく》で、どれだけ教室に顔を出せない日がつづいても、すっとクラスの輪にとけこむ美誠さんですが、学校生活でのいちばんのなやみは、やはり勉強のことでした。

「卓球の合宿や遠征《えんせい》がつづくと、しばらく学校に通えなくなります。それでも、勉強もちゃんとしなくてはなりませんから、たいへんだったと思います」とふりかえるのは、五年生の担任《たんにん》だった阿兒紀世美《あこきよみ》先生です。

夏休みになると、美誠さんのために補習《ほしゅう》をおこないました。ひとりだけの教室で机《つくえ》に向かう美誠さんの姿《すがた》が、阿兒先生の記憶《きおく》にのこっています。

六年生の担任だった磯部恭史《いそべやすし》先生にも、忘《わす》れられない思い出があります。

卓球がいそがしくて、どうしても漢字の宿題を提出《ていしゅつ》できないことがつづきました。すると磯部先生は、登校してきた美誠さんにこう言ったのです。

「伊藤が将来《しょうらい》オリンピックでメダルをとっても、今のように宿題をおろそかにしたままなら、先生はすなおによろこべないな」

そう言われてから美誠さんは、かならず宿題を提出するようになりました。

「彼女《かのじょ》は負けずぎらいだから、卓球のせいで宿題ができない自分を許《ゆる》せなかったのでしょう。一度こうすると決めたら、かならず最後までやりとげる子でした」と磯部先生はふりかえります。

美誠さんは六年生のとき、「話したいこと」をテーマにこんな作文を書きました。

〈みなさんは、オリンピック選手は、どのような人がなれるか知っていますか。

私《わたし》がやっている卓球では、まず国内の大会、全日本などで上位に入らないと海外の試合に出れません。上位に入ったら海外の試合に出れます。海外の試合に出たら、世界ランキングというものが付きます。オリンピックに出るならこの、「世界

ランキング」を上げないといけません。〉
〈私《わたし》は、ロンドンオリンピックを目の前で見ました。会場もすごい盛《も》り上《あ》がっていました。選手はみんな緊張《きんちょう》していて、みんな、一生懸命頑張《いっしょうけんめいがんば》っていました。卓球では日本女子が、銀メダルを獲得《かくとく》しました。それを見て、私は二〇一六年には出場して、二〇二〇年には、団体優勝《だんたいゆうしょう》、個人戦《こじんせん》で優勝したいと思いました。〉
このとき、まだ二〇二〇年のオリンピックが東京《とうきょう》で開かれることは決まっていませんでしたが、美誠さんも美宇さんとおなじように、オリンピックで金メダルをとる夢《ゆめ》をいだいていたのです。

東京《とうきょう》と大阪《おおさか》、それぞれの選択《せんたく》

小学校を卒業した美宇さんと美誠さんは、住みなれた故郷《ふるさと》をはなれ、まったくあたらしい環境《かんきょう》で卓球にうちこむことになりました。

美宇さんが選んだのは、東京のＪＯＣ《ジェーオーシー》エリートアカデミーです。

エリートアカデミーは、北区西が丘《きたくにしがおか》にある味の素《あじのもと》ナショナルトレーニングセンターのなかに、日本《にほん》オリンピック委員会《いいんかい》（ＪＯＣ）が設置《せっち》したジュニアアスリートの育成機関です。才能《さいのう》ある子どもたちを全国から集め、オリンピックなどの国際《こくさい》大会で活躍《かつやく》できるように、さまざまなプログラムを組んで育てていくのです。

エリートアカデミーには、卓球のほかにも、レスリングやアーチェリー、フェンシング、ボート、ライフル射撃《しゃげき》、水泳の飛びこみの選手たちが全国から集まっています。

全寮制《ぜんりょうせい》なので、美宇さんは親もとをはなれることになりました。トレーニングセンターのすぐとなりにある北区立稲付中学校《いなつけちゅうがっこう》へ通い、放課後はおとなのナショナルチームの選手たちも練習する卓球場でトレーニングにはげみます。食事はアスリート専用《せんよう》のレストランで、栄養バランスのよいメニューをいただきます。中学生は外出するのに許可《きょか》がいるなどきびしく管理されるのですが、エリートアカデミーには、卓球に打ちこむための環境《かんきょう》がととのっていました。

美宇さんは「家族や地元のともだちとはなれるのはつらかったけど、ホームシックとかにはなりませんでした」と話します。

「このころになると、自分は卓球で生きていくんだという覚悟《かくご》ができていたと思います。いろんな人に支《ささ》えられて特別なポジションにいるということが、子どもごころにわかっていました。（陳《ちん》）莉莉《りり》さんに教えてもらったり、ミキハウスで練習させてもらったりしたことも、ふつうの小学生じゃ考えられないことです。エリートアカデミーは特別な環境かもしれないけど、オリンピックで金メダルをとるには最高の環境だと思いました」

いっぽうの美誠さんが選んだのは、大阪《おおさか》にある関西卓球《かんさいたっきゅう》アカデミーという民間の卓球私塾《しじゅく》です。大阪市北区《きたく》の住宅街《じゅうたくがい》の雑居《ざっきょ》ビルのなかにある卓球場で練習し、学校は勉強にもスポーツにも力を入れている中高一貫《いっかん》の私立昇陽中学校《しりつしょうようちゅうがっこう》に通うことになりました。

関西卓球アカデミーは、女子日本代表チームの村上恭和監督《むらかみやすかずかんとく》が中心になって、活動をはじめたばかりでした。村上監督の大学時代の恩師《おんし》がチーフコーチをつとめ、中国人《ちゅうごくじん》コーチも四人いました。練習時間やメニューは、選手それぞれのスケジュールや考えかたにあわせて決めることができました。その自由さこそが、美誠さんが関西卓球アカデミーを選んだ大きな理由でした。

「お母さんからいつも、自分で考えてプレーするように言われてきたので、練習もほかの人が考えたメニューをこなすのがいやだったんです。自分が納得《なっとく》した練習を、納得するまでやりたかった」と美誠さんは言います。

美宇さんが所属《しょぞく》したエリートアカデミーとちがって、寮《りょう》や食事のサポートはありません。お母さんの美乃《みの》りさんとふたりで大阪にひっこしてきた美誠さんは、市内にマンションを借りてあたらしい生活をはじめました。

そしてもうひとつ、大きな変化がありました。

卓球をはじめたときから、「訓練」と呼《よ》ぶほどのきびしい指導《しどう》をつづけてきた美乃りさんが、美誠さんから一歩距離《きょり》をおくことになったのです。

「中学生になったら、わたしとはちがう視点《してん》を持ったコーチに見てもらおうと、まえまえから考えていました。といっても、美誠から完全にはなれるのではありません。練習をチェックしながら、からだのケアを中心に、母親として近くで美誠を支《ささ》えつづけようと思いました」と美乃りさんは当時の決断《けつだん》を語ります。

じっさい、美乃りさんはマッサージや整体の勉強をはじめ、国際《こくさい》大会にも同行できるようにと、日本体育協会《にほんたいいくきょうかい》の「公認《こうにん》スポーツ指導者《しどうしゃ》」の資格《しかく》を得るための勉強もはじめました。

ワールドツアーへの挑戦《ちょうせん》

卓球の世界ランキングは、国際卓球連盟《こくさいたっきゅうれんめい》（ＩＴＴＦ《アイティーティーエフ》）が指定するワールドツアー、世界卓球選手権《せかいたっきゅうせんしゅけん》、ワールドカップ、四年に一度開かれるオリンピックなどの大会に出場したときに得られる、ランキングポイントの合計で決められていました。

中学生になったばかりの二〇一三年四月、ふたりの世界ランキングは、美宇さんが百八十一位、美誠さんは百十位でした。

あらたな拠点《きょてん》で活動をはじめたふたりは、世界ランキングをあげることに全力をそそぎました。美宇さんは「エリートアカデミーに来て一年目が大事。すべてをレベルアップして世界に行きたい」と当時のインタビューにこたえています。

世界ランキングの対象となる大会のなかで、もっともたくさん開かれているのがワールドツアーです。

ワールドツアーは、世界各地を転戦しておこなわれる大会で、年間およそ二十大会が開かれます。それぞれの大会では、シングルスとダブルス、二十一歳《さい》以下の選手が出場できるシングルス（U《アンダー》21）の、男女あわせて六種目がおこなわれます。

ワールドツアーでの成績《せいせき》は、世界ランキングに大きく影響《えいきょう》します。中学生になってあたらしい環境《かんきょう》に飛びこんだふたりは、積極的に海外遠征《えんせい》に挑戦《ちょうせん》することになりました。

ワールドツアーに参加するようになると、月の半分以上を海外ですごすことが、あたりまえになりました。ふたりはシングルスとダブルスのほか、U21にもエントリーするので、多いときは一日七試合もプレーすることがありました。

海外遠征は、ワールドツアーだけではありません。北アフリカにあるモロッコの首都ラバトで開かれた、世界《せかい》ジュニア選手権大会《せんしゅけんたいかい》（二〇一三年十二月）にそろって出場したふたりは、日本の女子団体《だんたい》チームを準優勝《じゅんゆうしょう》にみちびきました。

団体戦準決勝の香港戦《ホンコンせん》は、ゲームカウント2－2の大接戦《だいせっせん》になりました。勝敗を決める最終試合のシングルスに登場した美宇さんは、フルゲームの激闘《げきとう》を勝ちぬいて底力を見せました。美誠さんはシングルスで準々決勝まで進出し、ベスト8《エイト》の座《ざ》を勝ちとりました。

世界ジュニアは、十八歳《さい》以下の選手たちが出場する大会です。ふたりはまだ十三歳《さい》でしたが、海外の年上の強豪《きょうごう》選手とも、じゅうぶんにたたかえる力があることを証明《しょうめい》しました。

フランスやカタール、チェコ、エジプト、ハンガリー……。中学一年生の一年間だけでも、ふたりのパスポートはいろいろな国の出入国スタンプでいっぱいになりました。

みなさんのなかにも、海外旅行をしたことのある人はいるでしょう。でも、ふたりは観光ではなく、卓球の試合をするためにそうした国をおとずれたのです。長いフライトのあと、食事もことばもちがう環境《かんきょう》のなかでコンディションをととのえ、真剣《しんけん》勝負にのぞむのは、とてもたいへんなことです。もちろん、時差にもからだをなれさせなければいけません。

美宇さんと美誠さんは、遠征先《えんせいさき》のホテルでおなじ部屋になることが多かったのですが、そこだけがリラックスできる空間でした。

「卓球の話はほとんどしなくて、好きなアイドルやファッションの話をしていました」

そう語る美宇さんが夢中《むちゅう》になって見ていたのは、「乃木坂46《のぎざか》」のライブを収録《しゅうろく》したＤＶＤ《ディーブイディー》でした。

美誠さんは、大好きな韓国《かんこく》のドラマや音楽をユーチューブで検索《けんさく》して時間をすごしました。

「韓国ドラマを何本も見ているうちに、ヒアリングだけなら、韓国語をだいぶ理解《りかい》できるようになりました」と言う美誠さんは、大会でも韓国の選手とことばをかわすようになりました。韓国人記者のインタビューに通訳《つうやく》なしでこたえ、日本の報道《ほうどう》陣《じん》をおどろかせたこともあります。

美宇さんと美誠さんのことですから、ひとりだったとしてもプレッシャーと上手に向きあい、コンディションをととのえて試合にのぞんだでしょう。でも、ふたりで共有するこんな時間があったからこそ、日本の中学生ペアは世界をおどろかせる快挙《かいきょ》を達成できたのかもしれません。

世界に注目された「びっくり顔」

ドイツ発のニュースが世界じゅうに伝えられたのは、二〇一四年三月のことです。

ドイツのマグデブルクで開かれたワールドツアー・ドイツオープンで、女子ダブルスに出場した美宇さんと美誠さんのペアが、決勝でポーランドのペアを3－0でやぶり、ワールドツアー初優勝《はつゆうしょう》をかざったのです。国際卓球連盟は、十三歳《さい》ペアのタイトル獲得《かくとく》はワールドツアー史上最年少記録で、十三歳百六十日の美誠さんは、個人《こじん》としても最年少記録を更新《こうしん》したことを発表しました。ふたりの年齢《ねんれい》の合計二十七歳百四十五日は、その後ギネス世界記録に認定《にんてい》されました。

彼女《かのじょ》たちの名前が一気に世界じゅうにひろまった理由は、年齢のことだけではありません。

優勝《ゆうしょう》インタビューで賞金が五千ドル（約五十一万五千円）と聞かされると、ふたりは目を見ひらき口を大きくあけておどろきました。そのときの「びっくり顔」が、国際卓球連盟のホームページから世界に発信され、話題になったのです。

試合後のインタビューで、美宇さんは「優勝賞金をもらえるなんて、信じられません。両親やともだち、コーチにプレゼントを買いたい」とよろこびを伝え、美誠さんは「わたしたちは、五歳のころからダブルスを組んでいます。こんな大きなタイトルを手にしてとてもうれしい。でも、満足はしていません。もっと勝っていきたい。賞金はお世話になったかたや、美宇ちゃんになにか買ってあげたい」と語りました。

二〇二〇年に開かれる東京オリンピックに出場したいかという質問《しつもん》には、美誠さんがこうこたえました。

「もちろん、それはわたしたちの夢《ゆめ》です。でも、そのまえにリオデジャネイロオリンピックがあります。そこに出ることが、わたしたちの計画なんです」

これが「びっくり顔」です。

ドイツオープンでたたかう美誠さん(左)と美宇さん(右)。

この美誠さんのコメントを本気でうけとめた人は、けっして多くなかったはずです。二年前に百位台だった世界ランキングは、この時点で、美宇さんが四十九位、美誠さんが六十六位にまであがっていましたが、ふたりよりも上に、日本人選手が何人もいたからです。

ふたりはずっと、リオデジャネイロのつぎのオリンピックをめざす選手という意味で、「東京五輪世代」と言われていました。しかし、そういうイメージを、ふたりは結果をのこすことでかえていきます。

みうみまペアは、翌週《よくしゅう》のワールドツアー・スペインオープンでも、女子ダブルスで二大会連続の優勝《ゆうしょう》をかざり、その実力がほんものであることを証明《しょうめい》しました。美宇さんはシングルスでも決勝まで進み、ワールドツアー史上最年少のシングルス決勝進出という記録もつくりました。

お母さんの真理子さんは、こうした結果におどろきをかくせませんでした。

「いつかはそんな日がくるかもしれないと思っていましたが、こんなはやい時期に優勝《ゆうしょう》できるとはおどろきました。しかも、二大会連続ですからね。いちばんよかったのは、ふたりが一球一球話しあいをしていることだと思います。コミュニケーションをとりながら試合を進めていたのが、すごく印象的でした」

美乃りさんも「美宇さんと美誠のダブルスは、一たす一が二になるのではなく、何倍にも力がましていく感じがしました」と、ふたりの活躍《かつやく》をたたえました。

そのあとも、みうみまペアの快進撃《かいしんげき》はとまりません。

二〇一四年十二月には、タイのバンコクで開かれたワールドツアー・グランドファイナルの女子ダブルスに出場しました。ワールドツアーに四試合以上出場したペアのなかから上位七組と、開催国《かいさいこく》から一組だけが出場できるレベルの高い大会です。最強といわれる中国ペアこそ出場していませんでしたが、ふたりはみごとに優勝をかざりました。

それはかつて、福原愛《ふくはらあい》選手と石川佳純《いしかわかすみ》選手のペアでも達成できなかった快挙で、日本の女子選手としてははじめての栄冠《えいかん》でした。

ふたりのめざましい活躍《かつやく》に、女子日本代表の村上監督《かんとく》は、大きな決断《けつだん》をします。二〇一五年四月に中国の蘇州《そしゅう》で開催《かいさい》される世界卓球選手権大会に、美宇さんと美誠さんを日本代表選手として選出することを発表したのです。

はじめての世界選手権での躍動《やくどう》

福原選手がはじめて世界卓球選手権大会に出場したのは、二〇〇三年のパリ大会でした。それは世界選手権出場の最年少記録となる十四歳《さい》のときでした。はじめて立った世界のコートで女子シングルスベスト8《エイト》入りをはたし、福原選手はますます注目されたのですが、本人はいつも不安とたたかっていたそうです。

「ベスト8《エイト》に入ってうれしかったのは、ほんの一瞬《いっしゅん》でした」

福原選手は、当時の心境《しんきょう》をこう語ります。

「このあとの大会で成績《せいせき》が悪かったら、もう福原はだめだと言われてしまう。そんな不安におそわれました。努力をしてつかみとった結果が逆《ぎゃく》に自分を苦しめるなんて、思いもしないことでした。わたしは、そうした不安と向きあってきたからこそ強くなれたと思っていますが、でも、ほんとうは不安なんて感じずにどんどんまえ向きのまま進んでいったほうが、もっとはやく、もっと強くなれると思うんです。美宇と美誠は気持ちが強いので、だいじょうぶだと思っていました」

じっさい、はじめて世界選手権の代表に選ばれたふたりは、福原選手があじわったような不安とはまったく無縁《むえん》でした。

女子ダブルスの一回戦は、エジプトとグアテマラの選手の国際《こくさい》ペアとの対戦です。それまで「短パン派《は》」だった美宇さんですが、この日にはじめて黒のスカートをはき、美誠さんとペアルックでの出場となりました。

卓球台からはなれてたたかう相手に対し、徹底《てってい》して台上のプレーでくずしていく戦術《せんじゅつ》でのぞみ、4－0のスコアで完勝しました。現地《げんち》取材をした日本のメディアが「世界戦デビューとは思えない落ち着き。豊富《ほうふ》な大会経験《けいけん》を誇《ほこ》るふたりにとって、世界選手権も国際《こくさい》大会のひとつでしかないのか」と報《ほう》じるほど、堂々としたたたかいぶりでした。

ダブルスは二回戦で敗れてしまいましたが、そのあとのシングルスでも、ふたりは初出場とは思えない活躍《かつやく》を見せます。

十五歳《さい》になったばかりの美宇さんは、日本選手がこれまでなんども苦杯《くはい》をなめてきたベテランのキム・ジョン選手（北朝鮮《きたちょうせん》）を二回戦でやぶりました。とりわけ、8－10から何回もゲームポイントをにぎられた第五ゲームを大逆転《だいぎゃくてん》でものにしたねばりは、会場から大きな声援《せいえん》をうけました。

つづく丁寧《ていねい》選手（中国）との対戦は、ロンドンオリンピック銀メダリストの強《きょう》豪《ごう》を相手に0－4のストレートで敗れましたが、回転量の多いボールに必死にくらいつきました。

日本の報道陣《ほうどうじん》がおどろいたのは、美宇さんが会場でたくさんの観客から声をかけられ、サインを求められていたことです。美宇さんは中国でも、「第二の福原愛」

として注目されていたのです。

いっぽう、「美宇ちゃんとのダブルスからスタートできたので、すごく楽な気持ちで大会に入れた」と言う美誠さんは、シングルスで日本人選手として最高のベスト8《エイト》に進出しました。十四歳《さい》百九十二日での世界卓球選手権大会シングルスベスト8は、パリ大会での福原選手（十四歳二百三日）の記録を十一日更新《こうしん》する、日本歴代最年少記録でした。

美誠さんのほかにベスト8に勝ち残ったのは、中国代表の六人と、ロンドンオリンピック女子シングルス銅《どう》メダリストのフェン・ティエンウェイ選手（シンガポール）だったのですから、世界の卓球ファンがおどろいたのもむりはありません。

準々決勝《じゅんじゅんけっしょう》の相手は、ロンドンオリンピック金メダリスト、李暁霞《りぎょうか》選手（中国）でした。だれもが李選手のストレート勝ちを予想しましたが、美誠さんは、その能力《のうりょく》の高さをあらためてアピールします。

第一、第二ゲームをつづけてとって中国の観客をどよめかせると、第三ゲームをとられたあとの第四ゲームでは10－8とゲームポイントをうばい、オリンピック女王をあと一歩というところまで追いつめたのです。

最後は力およばず、2－4で敗れましたが、日本からやってきた十四歳《さい》の中学生は、世界の卓球関係者に強烈《きょうれつ》なインパクトを残しました。

世界選手権がおわったあとに発表された世界ランキングでは、美宇さんは十九位、国際卓球連盟からブレイクスルー・スター賞（最優秀《さいゆうしゅう》新人賞）に選ばれた美誠さんは、なんと九位に順位をあげました。

つぎの章では、一気にリオデジャネイロオリンピックの有力な代表候補《こうほ》になった美誠さんの奮闘《ふんとう》ぶりを、追いかけていきましょう。

第五章

伊《い》藤《とう》美《み》誠《ま》——銅《どう》メダルという宝《たから》物《もの》

オリンピックでがんばれ！　中学高校のともだちが日の丸に寄《よ》せ書《が》きをしてくれました。

あきらめない心

「リオデジャネイロオリンピックの出場を意識《いしき》するようになったのは、二〇二〇年に東京《とうきょう》でオリンピックが開かれることが決まってからでした」

伊藤美誠《いとうみま》さんは当時の心境《しんきょう》を語ります。

「十九歳《さい》の東京オリンピックで金メダルをとることが、人生最大の夢《ゆめ》になりました。自分が生まれ育った国でオリンピックが開かれるチャンスなんて、一生に一度あるかないかですから。そしてその夢を実現《じつげん》するためには、東京大会をむかえる前に、一度はオリンピックの舞台《ぶたい》を経験《けいけん》しておくべきだと思ったんです」

国際《こくさい》オリンピック委員会《いいんかい》（IOC《アイオーシー》）の総会《そうかい》で、二〇二〇年の夏季オリンピック開《かい》催地《さいち》が東京に決まったのは、二〇一三年の九月のことです。中学一年生の美誠さんが、世界ランキングをあげるためにワールドツアーを転戦しているさなかでした。

リオデジャネイロオリンピックに出場するには、日本人選手のなかで世界ランキングの上位三人に入らなければなりません。美誠さんは「リオに出たいという気持ちはふくらみましたが、現実的《げんじつてき》にはかなりむずかしいと思っていた」そうです。このとき、美誠さんの世界ランキングは六十八位でしたが、七人もの日本人選手の名前が美誠さんより上にあったからです。

美誠さんがリオの代表切符《きっぷ》をぐっと手もとにひきよせたのは、二〇一五年三月のワールドツアー・ドイツオープンでのことでした。

「あの試合がなければ、リオはあきらめていたかもしれません」と美誠さんがふりかえるのは、女子シングルス一回戦のハン・イン選手（ドイツ）との試合です。

中国《ちゅうごく》から帰化したハン選手は、その年のヨーロッパチャンピオンで、世界ランキング八位の強豪《きょうごう》でした。ハン選手はカットマンといって、卓球台《たっきゅうだい》からはなれたところから変化をつけたボールを返して相手のミスをさそい、チャンスになると一気にまえに出てくるプレースタイルの選手です。世界ランキングを三十八位にまであげていた美誠さんにとっても、かなり手ごわい相手でした。

ワールドツアーのシングルスは、さきに四ゲームをとったほうの勝ちになります。美誠さんはハン選手の強い回転がかかったボールにうまく対応《たいおう》できず、試合開始から三ゲームをたてつづけに失ってしまいます。それぞれのゲームで美誠さんがうばったポイントは3点、4点、4点と、一方的に試合を支配《しはい》されていました。

それでも、美誠さんは冷静でした。

「ボールの回転がわからなくて、慎重《しんちょう》にレシーブしていたのですが、弱いボールを返してしまうから、ハン選手はよけいに強い回転がかけやすくなっていたんです。このゲームをとられたらおわりなんだから、思いきってラケットを振《ふ》っていこう。ボールを入れるんじゃなく、攻《せ》めていこう。この場面から逆転《ぎゃくてん》したら、わたしってすごいぞ。そんなふうに、頭をきりかえました」

第四ゲームもさきにマッチポイントをにぎられる苦しい展開《てんかい》になりましたが、美誠さんはあきらめません。絶体絶命《ぜったいぜつめい》のピンチをしのいでこのゲームをうばうと、その後は積極的なレシーブでハン選手が返してくるボールをうかせ、強烈《きょうれつ》なスマッシュをつぎつぎとコーナーに決めていきます。

驚異的《きょういてき》なねばりを見せた美誠さんは、4－3の大逆転《だいぎゃくてん》でハン選手から金星をあげました。

「一度死んでから、生きかえったような試合でした。でも、だからこそ、すごく自信になりました」と言う美誠さんは、その後も世界の強豪《きょうごう》選手をつぎつぎとたおし、ワールドツアー史上最年少記録となる十四歳《さい》百五十二日で、シングルス優勝《ゆうしょう》をはたしました。この記録もギネス世界記録に認定《にんてい》されています。

村上恭和監督《むらかみやすかずかんとく》もおどろきをかくせませんでした。

「ハン選手の試合がすべてでした。第三ゲームまでのスコアを見たときは、ヨーロッパの強いカットマンにはまだ通用しないか、それも当然といえば当然だと思いました。第四ゲーム以降《いこう》の逆転劇《ぎゃくてんげき》は、奇跡《きせき》としか言いようがない。一流のカットマンを相手にあの展開《てんかい》から逆転勝ちする試合なんて、見たことありませんでした。

この逆転《ぎゃくてん》勝利が、直後に開かれた世界卓球選手権大会《せかいたっきゅうせんしゅけんたいかい》でのシングルスベスト8《エイト》進出や、その後の活躍《かつやく》につながったのではないでしょうか」

美誠さんは「どんなに相手が強くても、どんなに苦しい状況《じょうきょう》に追いこまれても、ぜったいに勝負をあきらめることはありません。逆に、そんなときこそ、どうやったら勝てるのかを考えるのが楽しい」と言いきります。

勝負に対する強い気持ちが、十四歳《さい》の中学生を有力なオリンピック日本代表候補《こうほ》におしあげたのです。

過酷《かこく》なランキングあらそい

リオデジャネイロオリンピックの前年、二〇一五年の六月には、世界ランキングを九位にあげていた美誠さんでしたが、ランキングポイントを意識《いしき》しながら、世界各地で開かれるワールドツアーを転戦するのは、十四歳の中学生にとっては体力的にも精神的《せいしんてき》にも過酷《かこく》なことでした。

世界卓球選手権蘇州《そしゅう》大会のあとは、五月の半ばからベラルーシ、クロアチア、フィリピン、オーストラリア、そしてチェコを転戦するというハードな日程《にってい》がつづきました。

ベラルーシオープンでは、シングルスでワールドツアー二度目の優勝《ゆうしょう》をかざり、クロアチアオープンでも三位に入る健闘《けんとう》を見せましたが、つづくフィリピンオープンで美誠さんは体調をくずしてしまいます。

「フィリピンの食べものがからくて、胃腸の調子がおかしくなりました。からだにも力が入らなくなってしまいました」

それでも試合に出場しましたが、まさかの初戦敗退《はいたい》です。体調が回復《かいふく》しないままむかえたオーストラリアオープンも、二回戦で姿《すがた》を消しました。

「あのころがいちばんつらい時期でした」と美誠さんはふりかえります。

限界《げんかい》に近づいていた美誠さんの小さなからだを支《ささ》えてくれたのは、まわりの人たちのサポートでした。

世界を転戦する美誠さんには、専属《せんぞく》のコーチがついていました。美誠さんが小学二年生のときから参加していた「豊《とよ》スポ」にいた、松崎太佑《まつざきたいすけ》さんです。

静岡理工科大学《しずおかりこうかだいがく》を卒業した松崎コーチは、発光ダイオード（ＬＥＤ《エルイーディー》）の検査装置《けんさそうち》を開発する企業《きぎょう》で働きながら、豊スポで練習したり子どもたちに教えたりしていました。小さなころからよく知っている美誠さんが、中学から大阪《おおさか》の関西卓球《かんさいたっきゅう》アカデミーで練習をするようになったのにあわせて、松崎コーチも会社をやめて大阪にやってきたのです。

「美誠となら、世界の舞台《ぶたい》でたたかう夢《ゆめ》をいっしょに追いかけられると思ったんです。仕事をやめる不安はありましたが、世界への挑戦《ちょうせん》は人生をかけていどむ価値《かち》があるほど、わくわくすることでしたから」

そう語る松崎コーチは、相手選手の戦略《せんりゃく》分析《ぶんせき》などのさまざまなデータ、美誠さんの体調やメンタルの変化、ふたりのやりとりなど、あらゆることをノートに書きこんでいます。二年ほどのあいだに、ノートは八十冊《さつ》近くになりました。

松崎コーチやお母さんの美乃《みの》りさん、関西卓球アカデミーのスタッフだけではありません。美誠さんは、スターツというスポーツや文化活動の支援《しえん》にも力を入れている企業《きぎょう》グループと所属契約《しょぞくけいやく》を結び、応援《おうえん》をうけることになりました。

お母さんといっしょに追いかけはじめた夢《ゆめ》は、もう、ふたりだけの夢ではなくなっていたのです。

そうしたサポートをうけ、世界ランキングの上位をキープしつづけた美誠さんは、第四章で紹介《しょうかい》した六年生のときに書いた作文のことを、複雑《ふくざつ》な思いでふりかえります。

「あの作文を書いたときは、オリンピックに出場するのがどれだけたいへんなのか、まったくわかっていなかったんですね。たしかに世界ランキングをあげないとオリンピックには出られないんだけど、そのたいへんさが……。もし、あの作文を書いた十二歳《さい》のわたしが目のまえにいたら、ランキングをあげるのってめちゃくちゃ苦しいんだよって、教えてあげたいです」

十五歳《さい》のオリンピアン誕生《たんじょう》

二〇一五年九月、日本卓球協会《にほんたっきゅうきょうかい》の理事会が開かれ、リオデジャネイロオリンピックの代表候補《こうほ》選手が決定しました。

美誠さんはこの日、東京のナショナルトレーニングセンターにいたのですが、理事会が開かれていることをすっかり忘《わす》れていました。

「会見があるから準備《じゅんび》してって言われて、あっ、今日だったんだって思いだしました。団体戦《だんたいせん》に出る三人目の選手もランキングで決めるって言われていたけど、ほんとにそうなるのか不安だったので、名前が発表されたときはほっとしました」

美誠さんは十五歳《さい》の夏に、オリンピックをむかえることになりました。二〇〇四年のアテネオリンピックに初出場したときの、福原愛《ふくはらあい》選手とおなじ年齢《ねんれい》です。

村上監督《かんとく》は、「オリンピックの代表になるために、もっとも必要なのは運です。でも、その運をたぐりよせるには準備《じゅんび》が必要なんです。まだ十五歳《さい》ですが、伊藤は母親といっしょに、子どものころからその準備をしっかりとつみあげてきました。母親の常識《じょうしき》にとらわれない指導《しどう》によって、あらゆるスタイルに対応《たいおう》できる技《ぎ》術《じゅつ》と、対応力を身につけることができたのです」と語ります。

オリンピックの出場権獲得《しゅつじょうけんかくとく》が自信になったのか、年があけてオリンピックイヤーをむかえると、美誠さんのパフォーマンスはさらに向上していきます。

一月の全日本卓球選手権大会《ぜんにほんたっきゅうせんしゅけんたいかい》では、女子シングルスの準決勝《じゅんけっしょう》で平野美宇《ひらのみう》さんに敗れましたが、二月にマレーシアのクアラルンプールで開催《かいさい》された世界卓球選手権大会では、日本チームを銀メダルにみちびく活躍《かつやく》を見せました。さらに、オリンピックの出場枠《しゅつじょうわく》を確定《かくてい》するために開かれた四月のアジア大陸予選会で、前年の世界卓球選手権大会で優勝《ゆうしょう》した丁寧《ていねい》選手（中国）をゲームカウント４－２でやぶる大金星をあげました。

サービスで丁寧選手をくずすと、返ってきたボールを強打する三球目攻撃《こうげき》で主導《しゅどう》権《けん》をにぎり、それまで四戦全敗だった丁寧選手にはじめて勝ったのです。

胸《むね》をはってリオデジャネイロオリンピックをむかえることになった美誠さんは、日本を出発する前にこう語っています。

「はやくリオのコートに立ちたくて、わくわくしています。不安やプレッシャーはまったくありません。福原さんや石川《いしかわ》(佳純《かすみ》)さんが感じたという、オリンピックでしかあじわえない重圧《じゅうあつ》がどういうものかを、体験するのも楽しみです。前回のロンドン大会で日本は銀メダルをとっているので、最低でも銀メダルをとって帰ってきたい。それが、はじめてのオリンピックに挑戦《ちょうせん》する自分自身との約束です」

「オリンピックは楽しい」

はじめてのオリンピックは、目にするもののすべてが感動にみちていました。

2016年８月、リオデジャネイロオリンピックの開会式で。まんなかで旗を振《ふ》っているのが美誠さん。その左には、福原選手の笑顔《えがお》もありますね。

団体《だんたい》３位決定戦で、シンガポールペア（左）とたたかう福原・伊藤ペア（右）。

「いろんな国が集まって、ひとつの国みたい」

リオデジャネイロに入った美誠さんがそんな感想を口にしたのは、色とりどりの国旗がかかげられた選手村で、はじめての夜をすごしたつぎの日のことです。

リオ中央体育館《ちゅうおうたいいくかん》で卓球競技《きょうぎ》がはじまると、オリンピックが特別な舞台《ぶたい》であることをあらためて実感しました。それは、会場をうめたブラジルの人たちの熱狂的《ねっきょうてき》な声援《せいえん》のせいだけではありません。ワールドツアーや世界卓球選手権で顔をあわせてきた海外の強豪《きょうごう》選手たちが、ふだんでは考えられないミスをしたり、あきらかに格下《かくした》の選手に苦戦する姿《すがた》を目にしたからです。

「選手たちの表情《ひょうじょう》や緊張感《きんちょうかん》が、ほかの大会とまったくちがうんです。でも、わたしは応援《おうえん》してくれる人がたくさんいると気持ちがもりあがるタイプだし、こういう雰囲気《ふんいき》は自分にあっていると思いました」

美誠さんが出場する団体戦《だんたいせん》は、シングルス四試合、ダブルス一試合であらそわれます。なかでも第三試合のダブルスは、試合の流れを決める重要なポイントとされるのですが、村上監督《かんとく》は、ダブルスは福原、伊藤ペアで行こうと決めていました。四度目のオリンピックとなる福原選手も、「美誠はほんとうに思いきりがいい。トリッキーなプレーがすごく多くて、わたしもよこでびっくりさせられます」と、ペアを組む十二歳下《さいした》の後輩《こうはい》を評価《ひょうか》していました。

ふりかえれば、美誠さんがはじめて買ってもらったラケットは「愛ちゃんラケット」でした。ずっと背中《せなか》を追いつづけてきた選手といっしょにダブルスを組んで、オリンピックでプレーする日がやってきたのです。

美誠さんのオリンピックデビューは、大会第八日の八月十二日、女子団体《だんたい》一回戦のポーランド戦でした。第一試合のシングルスで石川選手が先勝したあと、美誠さんは第二試合のシングルスに登場しました。

コートにあらわれた美誠さんは、オリンピック初出場の不安やプレッシャーをまったく感じさせません。ポーランドのエースで、世界ランキング三十位のリー・チェン選手からいきなり五連続ポイントをあげる、最高のスタートをきりました。

そのあとも、おどるようなフットワークとはやい攻撃《こうげき》で、リー選手を圧倒《あっとう》します。3－1のスコアでオリンピック初勝利をおさめると、つづく第三試合のダブルスも福原選手と息のあったプレーを見せて3－1で連勝、日本チームを準々決勝《じゅんじゅんけっしょう》にみちびきました。

大きなスポーツ大会で、試合をおえたばかりの選手が報道陣《ほうどうじん》のインタビューをうける場所を、ミックスゾーンといいます。みごとなオリンピックデビューをかざり、よほどうれしかったのでしょう。ふたりの先輩《せんぱい》といっしょにミックスゾーンにあらわれた美誠さんの表情《ひょうじょう》は、笑《え》みであふれていました。

福原選手が「技《わざ》のひきだしの多さを武器《ぶき》にしたい」と話すと、そのとなりで「いっしょです〜、キャキャキャキャ」とはずんだ声でこたえます。準々決勝の相手はオーストリアでしたが、美誠さんは「オーストラリア？　リア？」ととぼけます。すぐに福原選手が「カンガルーじゃないよ、ウィーン（少年《しょうねん》）合唱団《がっしょうだん》のほうだよ」とツッコミを入れ、報道陣の笑いをさそいました。

オリンピックにすむ「魔物《まもの》」

準々決勝《じゅんじゅんけっしょう》のオーストリア戦も、3－0で日本の勝利となりました。

福原選手と石川選手がシングルスで二勝したあと、ダブルスに登場した美誠さんは、福原選手とのコンビネーションがますますさえ、ゲームカウント3－1で圧勝《あっしょう》したのです。

「最後のほうで自分のミスが出たのは反省点ですが、明日につながる試合はできました。この雰囲気《ふんいき》は大好きだし、自分ももりあがっていけるので楽しい」

試合後にそう語っていた美誠さんですが、二大会連続の決勝進出をかけたドイツとの準決勝では、大きな試練をあじわうことになります。

まえがきで書いたように、第一試合のシングルスに抜擢《ばってき》された美誠さんは、最終ゲームで9－3と大量リードをうばいながら、ペトリサ・ソルヤ選手にまさかの大《だい》逆転負《ぎゃくてんま》けをしてしまったのです。

「最初からガッと行きすぎて、最後は守りに入ってしまいました。オリンピックはなにが起こるかわからない。そのことを身にしみて感じました」

美誠さんの口から「魔物《まもの》」ということばこそ出てきませんでしたが、四年に一度の舞台《ぶたい》でしかあじわえないこわさを体験したのはまちがいありません。

ドイツとの準決勝《じゅんけっしょう》は、ほかにもドラマがありました。

二勝二敗となった勝負の行方《ゆくえ》は、最終第五試合の福原選手とハン・イン選手の一戦にゆだねられました。二ゲームずつとりあう激闘《げきとう》となった試合は、最終ゲームで福原選手が3－7の劣勢《れっせい》から六連続ポイントをあげて9－7と逆転しましたが、そのあと、9－10と再逆転《さいぎゃくてん》を許《ゆる》してしまいます。

日本じゅうがため息につつまれたのは、そのあとのプレーです。ハン選手が返したボールは卓球台のエッジをかすり、軌道《きどう》をかえました。福原選手はボールに反応《はんのう》できません。主審《しゅしん》はハン選手のポイントと認《みと》め、ドイツの勝利が決まったのです。

ボールが台のよこにあたっていたのなら、福原選手のポイントになって、まだ試合はつづきます。村上監督《かんとく》が主審《しゅしん》に抗議《こうぎ》しているあいだ、福原選手は試合続行を信じてコートにのこりましたが、ジャッジはくつがえりませんでした。

日本の二大会連続の決勝進出と、美誠さんにとって自分自身との約束だった「最低でも銀メダル」という目標が断《た》たれた瞬間《しゅんかん》でした。

「負けの原因《げんいん》は、すべてわたしにあります。明日の試合では、このくやしさをすべてぶつけたい」

福原選手はミックスゾーンで涙《なみだ》をこらえ、三位決定戦への決意を口にしました。

チームの絆《きずな》

「9－3からなにが起こったのか、ビデオを見ておいたほうがいいわよ」

ドイツ戦の直後、日本代表チームの一員としてリオデジャネイロにきていた美乃りさんは、敗戦のショックにうつむく美誠さんにそう声をかけました。

美誠さんは、首を振《ふ》りました。

「見ない。わたしはふりかえらないから」

シングルスの試合なら、お母さんのアドバイスにすなおにしたがっていたかもしれません。でも、美誠さんはそうしませんでした。それは、オリンピックという最高の舞台《ぶたい》で団体戦《だんたいせん》をたたかうなか、これまであじわったことのないチームの絆《きずな》を強く感じていたからです。

「代表に決まってから、福原さんと石川さんはどんなときでも、わたしのことをフォローしてくれました。ふたりがいてくださったから、わたしはオリンピックのコートを楽しむことができたんです。チームのみんなでたたかっているんだから、ふたりのためにも、まえだけを向こうと思いました」

石川選手は、四歳《さい》上の福原選手と八歳下の美誠さんにこう声をかけました。

「負けたのは、だれのせいでもないよ。勝負に勝ち負けはつきものだから。三位決定戦に集中しよう」

福原選手は、こんな思いを報道陣《ほうどうじん》に伝えました。

「ドイツに負けたくやしさをひきずってメダルをのがしたら、わたしや佳純ちゃんはもちろんだけど、美誠にも、つぎのオリンピックまでの四年間、もやもやした気持ちがのこってしまう。一所懸命《いっしょけんめい》がんばってきた十五歳《さい》の美誠にだけは、そんな思いをぜったいにさせたくありません」

敗北から一夜あけた朝、福原選手はだれよりもはやく練習場にあらわれ、シンガポール対策《たいさく》の練習をはじめました。

こうした先輩《せんぱい》たちのことばやふるまいに、美誠さんは胸《むね》を打たれました。

「福原さんと石川さんはロンドンで銀メダルをとっているから、わたしの何倍も重圧《じゅうあつ》とたたかっていたと思います。それなのに、わたしのことをいつも気づかってくださいました。いっしょにメダルをとって、ふたりを重圧から解放《かいほう》してあげたいと思いました。銀メダルは決勝戦で負けておわるけど、銅《どう》メダルは三位決定戦で勝っておわります。シンガポール戦はぜったいに勝って、三人で笑顔《えがお》になって日本に帰るんだって、気持ちを高めました」

そんな思いを胸《むね》に、美誠さんは最後の試合にのぞんだのです。

銅《どう》メダルの重さと「魔物《まもの》」の正体

銅《どう》メダルをかけたシンガポール戦もきびしい展開《てんかい》になりました。

第一試合のシングルスは、福原選手がフルゲームの接戦《せっせん》のすえに敗れましたが、第二試合は石川選手がストレートで勝ち、五分《ごぶ》の展開に持ちこみます。

第三試合のダブルスに、美誠さんと福原選手が登場しました。

第一ゲームを落とし、いやな流れになりかけましたが、第二ゲームに入ると、福原選手のアドバイスをうけた美誠さんが懸命《けんめい》にばんかいします。10－9のゲームポイントから、美誠さんが体勢《たいせい》をくずしながらバックハンドを振《ふ》りきり、相手の台ぎりぎりにボールをねじこんだプレーは、この試合でもっとも美誠さんらしさが出たシーンだったかもしれません。

その勢《いきお》いのまま、第三、第四ゲームを連取し、ダブルスで勝利をおさめた美誠さんは、つづけて第四試合のシングルスのコートに立ちました。勝てば、その瞬《しゅん》間《かん》に日本チームの二大会連続メダル獲得《かくとく》が決まるだいじな一戦です。

対戦相手のフェン・ティエンウェイ選手は、四年前のロンドン大会の女子シングルス銅《どう》メダリストで、このときも世界ランキング四位をキープしていたシンガポールのエースです。年齢《ねんれい》は二十九歳《さい》と、美誠さんのほぼ二倍になります。

格上《かくうえ》の強豪《きょうごう》相手に、美誠さんは冷静にたたかいました。

接戦《せっせん》となった第一ゲームを11－9でとり、第二ゲームをむかえたとき、美誠さんはフェン選手の異変《いへん》に気づきます。

フェン選手のラケットが、かすかにふるえていたのです。

「第二試合で石川さんに負けたフェン選手には、エースが二本も負けられないというプレッシャーがあったはずです。ラケットのふるえは、そのプレッシャーのあらわれにちがいないと思いました。つぎの五番手に石川さんがひかえていてくれる安心感も、冷静にたたかえた理由です。福原さんもベンチから声を出しつづけてくれたし、みんなでたたかっていることを実感しながらプレーできました」

第二ゲームがはじまったとき、オリンピックの魔物《まもの》は、美誠さんの心のなかから完全に消え去っていたのでしょう。あせりが見えるフェン選手のミスをさそい、11－4でとりました。

そして、日本の銅《どう》メダル獲得《かくとく》にむけて王手をかけた第三ゲーム。5－5のスコアから二本つづけてサービスエースを決めると、一気に攻勢《こうせい》をかけ、10－6でマッチポイントをにぎります。最後は、美誠さんがバックハンドでレシーブしたボールを打ちかえした、フェン選手のバックドライブがアウトになりました。

ボールが大きな弧《こ》をえがいて、台をこえていくのを見とどけた瞬間《しゅんかん》、美誠さんは両手を高くつきあげ、よろこびをはじけさせました。

3位決定戦で勝利が決まった瞬間《しゅんかん》です。

銅《どう》メダルおめでとう。左から福原選手、石川選手、そして美誠さん。

ベンチで後輩《こうはい》のプレーを見まもっていた福原選手と石川選手は、村上監督《かんとく》と抱《だ》きあってよろこびを表現《ひょうげん》しました。日本の応援団《おうえんだん》は日の丸を振《ふ》り、ブラジルの観客も大きな拍手《はくしゅ》と声援《せいえん》で二大会連続のメダル獲得《かくとく》を祝福しました。

そのなかには、静岡県《しずおかけん》の磐田市《いわたし》からかけつけた美誠さんのおじいさんの健一《けんいち》さんと、おばあさんの町子《まちこ》さんの姿《すがた》もありました。

表彰式《ひょうしょうしき》がはじまります。

銅《どう》メダルを首にかけた福原選手と石川選手、そして美誠さんの笑顔《えがお》が、世界じゅうに広がっていきます。

「オリンピックのメダルはこんなに重いんだって感動しました」と言う美誠さんは、「魔物《まもの》」についてこんな考えかたを語ったことがあります。

「オリンピックで実感したのは、それぞれの選手がみんな魔物を背負《せお》ってるということです。準決勝《じゅんけっしょう》のドイツ戦は、ソルヤ選手の魔物が力を発揮《はっき》しました。三位決定戦のシンガポール戦では、わたしの魔物が力をだして、銅メダルにつながったんじゃないかなって。オリンピックでは、神様にいのってもなにもおこりません。もし、見えない力に左右されることがあるとすれば、得体の知れない力をもった魔物《まもの》を、ここぞというときに出せるかどうかで、力の差が出るんだと思います」

表彰式《ひょうしょうしき》のあと、美誠さんは松﨑コーチの首に銅《どう》メダルをかけました。

美乃りさんが銅メダルにふれたのはそのあとです。「わたしはいつもあとまわしです」と苦笑《くしょう》しながら、美誠さんが勝ちとった銅メダルの重さをかみしめます。

「わたしの卓球の指導《しどう》や子育てのしかたが正しかったことを証明《しょうめい》してくれるのは、美誠しかいません。だから、オリンピックのメダリストになるまでがんばってくれた美誠に、心の底から感謝《かんしゃ》しました」

そしてもうひとり、美誠さんが銅メダルを首にかけた人がいました。

日本代表チームのリザーバーとしてがんばった美宇さんです。

「美宇ちゃん、いろいろサポートしてくれてありがとう」

美誠さんはそう声をかけて、銅メダルを美宇さんの首にかけました。このとき美宇さんは、どんな思いで銅《どう》メダルの重さをうけとめたのでしょう。

リオで手にした宝物《たからもの》

ブラジルから帰国したあと、美誠さんは休むひまもないほど、テレビや雑誌《ざっし》、新聞のインタビューや、あいさつまわりに追われました。

磐田市の自宅《じたく》にもどれたのは、帰国してから二週間後の九月三日のことです。この日、おさないころから親交のあった水谷隼《みずたにじゅん》選手といっしょに市内をパレードしたのです。北京《ペキン》、ロンドンにつづく三度目のオリンピックとなった水谷選手は、日本卓球界ではじめてとなるオリンピック個人戦《こじんせん》の銅メダルを獲得《かくとく》し、団体《だんたい》でも日本チームを銀メダルにみちびきました。

「あのちっちゃくてかわいかった美誠がメダリストですから。まさか、美誠といっしょのタイミングで、オリンピックのメダリストになれるとは思ってもいませんで

磐田市内をパレードする水谷選手（左）と美誠さん（右）。ふたりともとてもうれしそうです。

美誠さんの実家にかざってある、水谷選手と美誠さんが対戦している絵。スコアボードをよく見ると、美誠さんがマッチポイントをにぎっています。

した。ふたりで地元をパレードできるなんてほんとうにおどろきです」

水谷選手はそう言ってふたりのふしぎな縁《えん》にふれると、美誠さんの卓球についてこう解説《かいせつ》しました。

「美誠の強みは、積極性《せっきょくせい》です。プレーのひとつひとつに、まったく迷《まよ》いがない。卓球という競技《きょうぎ》は、攻《せ》めたほうが圧倒的《あっとうてき》に強いんです。でも、ふつうの選手はいろんなことを考えて、攻めるのをためらってしまいます。美誠は自分の技術《ぎじゅつ》に絶対的《ぜったいてき》な自信があるから、どんなにきわどいボールでもラケットを思いきって振《ふ》りきれる。その自信こそが、お母さんといっしょにつみかさねてきた猛練習《もうれんしゅう》の成果です。彼女《かのじょ》ほどおさないころからラケットを振った選手は、世界じゅうをさがしてもいないと思います」

パレードをおえた美誠さんは、ひさしぶりに実家にもどりました。

リビングには昔とおなじように、卓球台が置いてあります。壁《かべ》にはおさないころの写真や美誠さんがかいた絵がかざられていて、その光景もかわりません。かわったのは、リビングのはしっこに、大阪にひっこしてから美誠さんが獲得《かくとく》した、たくさんの優勝《ゆうしょう》トロフィーやメダル、賞状《しょうじょう》がならべられていることでしょうか。

美誠さんの作文や練習日記などをたいせつに保管《ほかん》している美乃りさんですが、そのなかに、美誠さんが四歳《さい》のときにお父さんがつくった「みまがんばりひょう」があります。

たとえば〈ままひだりてにかつ〉をクリアできれば、0・5点、〈フォア200かいつづける〉で3点、〈ままみぎてにかつ〉で5点というふうに、目標をクリアすればするほど、獲得する点数がふえていきます。ここまでは四歳らしい目標なのですが、おどろくのは、獲得する点数が二けたをこえてからの課題です。

〈ぜんにほんよせんつうか〉は30点、〈ぜんにほんベスト16〉は100点、〈ぜんにほんチャンピオン〉は300点、そして最高得点の1000点は〈せかいチャンピオン〉です。美誠さんが幼少《ようしょう》のころから世界をめざして育てられたことが、よくわかります。

「ママはほんとうに鬼《おに》だったから、このリビングにもどってきたら、ゆううつな気分になります。豊スポで練習したり、試合でいろんな選手とプレーするのは楽しかったけど、ここでの訓練はほんとうにつらかった」

美誠さんがそう言うと、美乃りさんは「ママも美誠の合宿や遠征《えんせい》にかかる費用をかせぐのにたいへんだったんだからね。いくつも仕事をかけもちしてたんだから」と、ことばを返します。

美誠さんには、思いあたることがありました。

おじいさんの健一さんは、大会で美誠さんが勝つと、ごほうびのおこづかいをくれました。そんなやさしいおじいさんなら、もっとお金をくれると思ったのかもしれません。卓球のためのお金をかせいでくれるお母さんのことを心配した美誠さんは、ある日健一さんにこう言いました。

「じいじ、みまにうそついたら、罰金《ばっきん》千円だからね」

なぜ、そんな条件《じょうけん》で千円という金額《きんがく》を要求したのか、美誠さんは覚えていません。でも、健一さんのお寿司屋《すしや》さんのカウンターには、油性《ゆせい》マジックで書いた美誠さんのおさない文字が、今も消えずにのこっているのです。

〈じいじがうそついたら1000円もらうよ〉

健一さんはその文字を見るたび、孫娘《まごむすめ》のあいくるしい姿《すがた》を思いだしていましたが、リオデジャネイロオリンピックのあとは、あたらしい宝物《たからもの》ができました。

シンガポール戦のＤＶＤ《ディーブイディー》です。美誠さんが両手をつきあげてよろこぶシーンは、もう何百回、いえ何千回見かえしたでしょうか。再生《さいせい》しすぎて、映像《えいぞう》が乱《みだ》れるようになってしまいました。

「何回見ても、いっしょでしょ」

美乃りさんがあきれながらそう言っても、健一さんはにこにこしながら、デッキの再生《さいせい》ボタンをおします。

そんな家族の風景は、美誠さんの心をあたたかい気持ちでみたしてくれました。

「お母さんは卓球でわたしを育ててくれたから、卓球でしか恩返《おんがえ》しはできないと思っています。そしてお母さんや家族はもちろんですが、オリンピックに出場したことで、支《ささ》えてくれている人たちへの感謝《かんしゃ》の気持ちが大きくなりました」

そう美誠さんは言います。

「オリンピックという特別な舞台《ぶたい》に立てたからこそ、いろんな人がわたしを支えてくれていることに気づけたんだと思います。こんな体験を福原さんは四回もしてきたんだと思うと、いったいどれだけ多くの人の思いを背負《せお》ってきたのか、想像《そうぞう》もできません。わたしもこれからいろんな重圧《じゅうあつ》を感じるようになると思うけど、それをしっかりとうけとめて、自分の夢《ゆめ》に向かって進んでいきたい。そんな気持ちになれたことが、リオで得た、メダルよりも大きな財産《ざいさん》かもしれません」

第六章

平野《ひらの》美宇《みう》——リザーバーからの飛躍《ひやく》

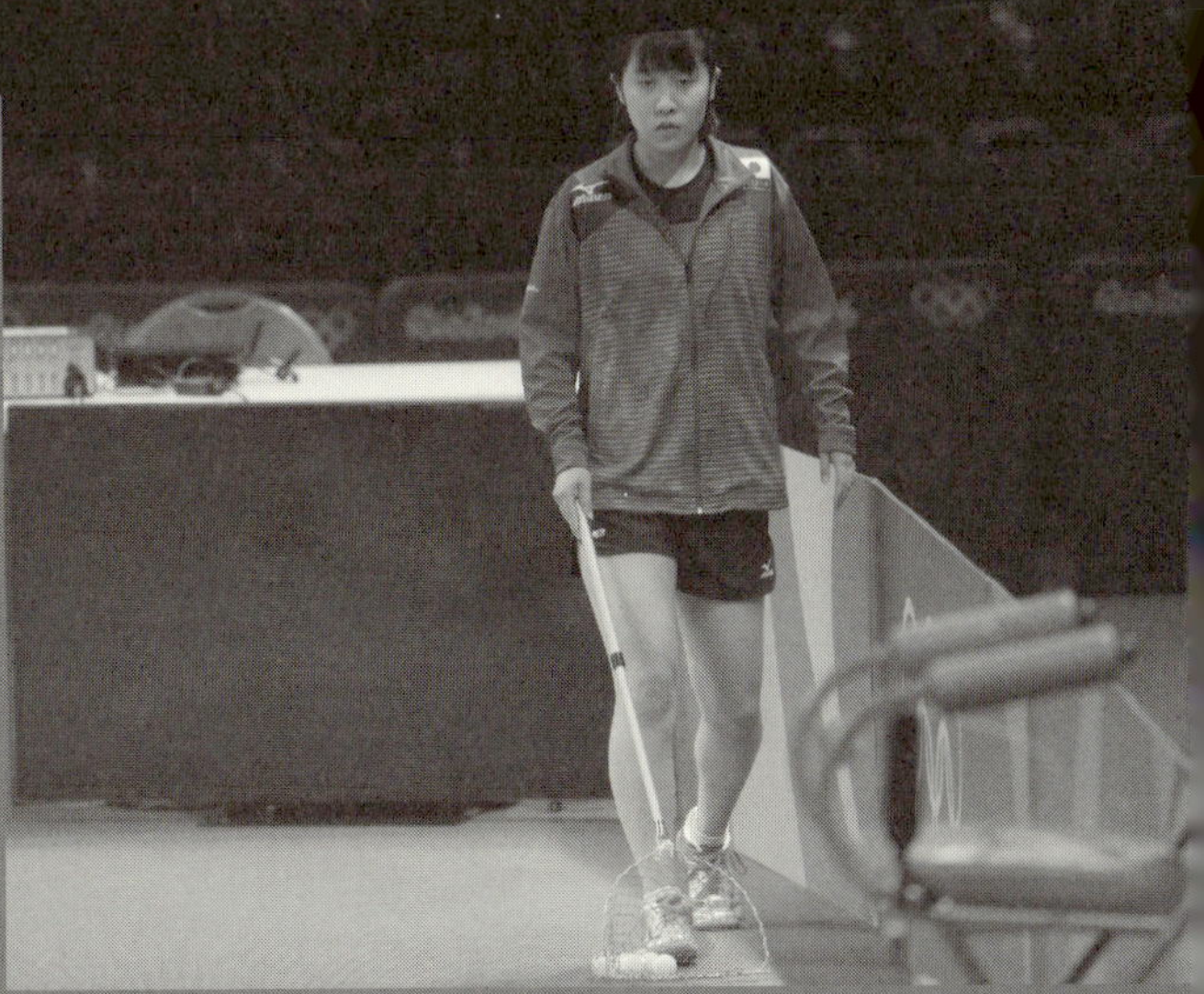

リオデジャネイロオリンピックの会場で、ボールをひろう美宇さん。

緊急帰国《きんきゅう》

「かなり落ちこんでいるでしょうから、声をかけるときは配慮《はいりょ》をしてください」

JOC《ジェーオーシー》エリートアカデミーの関係者が報道陣《ほうどうじん》にそう耳打ちしたのは、ヨーロッパから中東《ちゅうとう》へ転戦していた平野美宇《ひらのみう》さんが、バーレーンから成田空港《なりたくうこう》に緊急《きんきゅう》帰国した二〇一五年二月六日のことです。

「イスラム国」という過激派組織《かげきはそしき》が日本人ふたりを人質《ひとじち》にし、殺害する事件《じけん》が中東のシリアで起きたため、日本卓球協会《にほんたっきゅうきょうかい》はおなじ中東のバーレーン、クウェート、カタールで開かれる、国際《こくさい》大会への選手派遣《はけん》を中止したのです。選手たちの安全を考えたすえの決断《けつだん》でした。

美宇さんは、この三大会にエントリーしていました。ところが、ジュニアサーキット・バーレーンオープンはすでにはじまっていたので、出場せずに帰国した美宇さんは途中棄権《とちゅうきけん》と見なされ、優勝《ゆうしょう》して得られる18ポイントよりも大きな25ポイントを失ってしまいました。

そこで、エリートアカデミーの関係者は、ショックをうけている美宇さんに追いうちをかけるような質問《しつもん》をしないよう、配慮《はいりょ》を求めたのです。当時、美宇さんの世界ランキングは、日本人選手として七番目となる三十七位でしたが、この緊急《きんきゅう》帰国で、リオデジャネイロオリンピックの代表切符《きっぷ》はさらに遠のきました。

けれども、大きなスーツケースといっしょに成田空港の到着《とうちゃく》ロビーに姿《すがた》を見せた美宇さんの表情《ひょうじょう》に、いつもとちがうようなところはありませんでした。

「急に帰国しろって言われてびっくりしました。クウェートもカタールも大好きな国なので複雑《ふくざつ》な気持ちです」

その口調にも、落胆《らくたん》の様子は感じられませんでした。

美宇さんが感情《かんじょう》をあらわにしたのは、帰国から二日後の日曜日のことでした。

その日は、両親とふたりの妹が山梨《やまなし》から東京《とうきょう》へやってきました。緊急帰国という事態《じたい》が、思わぬかたちで一家だんらんの機会を与《あた》えてくれたのです。

「こういうことがないと、東京で家族に会うチャンスがないんですよ」と苦笑《くしょう》する美宇さんでしたが、練習を午前中できりあげると、待ちあわせ場所へ向かいました。

ひさしぶりに家族みんなで食事を楽しんだあと、お母さんの真理子《まりこ》さんが、今回の緊急《きんきゅう》帰国についての話をきりだしました。

「美宇の夢《ゆめ》は、オリンピックで金メダルをとることでしょ。ポイントのことばかり気にしてる人が、金メダリストになれるわけないいじゃない。がんばって、もっと強くなればいいのよ」

このことばを聞いて、美宇さんの気持ちの糸がプツリときれました。お母さんのまえでぼろぼろと涙《なみだ》をながしたのです。

涙がとまらなかった理由は、大会に出場できないくやしさだけではありませんでした。

プレースタイルのなやみ

いったい、わたしにはなにが足りないのだろう。

リオデジャネイロオリンピックの代表切符《きっぷ》がどんどん遠のいていくなか、美宇さんはずっと、そのことを考えつづけていました。

ラリー戦に持ちこみ、相手のミスでポイントをとるのが、美宇さんのプレースタイルでした。安定感があって、格下《かくした》の選手にはあぶなげなく勝てるのですが、美宇さんの課題は、格上《かくうえ》の強い選手たちになかなか勝ちきれないことにありました。

おさないころからの親友でライバルでもある伊藤美誠《いとうみま》さんは、ワールドツアー・ドイツオープン（二〇一五年三月）の女子シングルスで、ランキング上位の選手をつぎつぎにやぶって優勝《ゆうしょう》し、一気にランキングをあげました。その後、美宇さんといっしょに出場した世界卓球選手権《せかいたっきゅうせんしゅけん》蘇州《そしゅう》大会でも、シングルスでベスト8《エイト》に入り、国際《こくさい》大会でも活躍《かつやく》できる力を証明《しょうめい》していました。

美誠さんのプレーには、相手の意表をつく攻撃《こうげき》をどんどんしかけていく積極性《せっきょくせい》がありました。自由奔放《ほんぽう》という表現《ひょうげん》がぴたりとあてはまるプレースタイルで、美宇さんとは対照的でした。

「美誠ちゃんのように、ランキングが上の強い選手に勝つための武器《ぶき》が、わたしにはありませんでした」と美宇さんはふりかえります。

「二〇二〇年の東京オリンピックで金メダルをとるためには、思いきってプレースタイルをかえるしかないと思いました」

しかし、子どものころから努力をつみかさねて身につけたスタイルをかえるのは、たいへん勇気がいることでした。

頭のなかでは理解《りかい》しながら、なかなか実行にうつせなかった美宇さんの背中《せなか》をおしてくれたのは、リオデジャネイロオリンピックの日本代表候補《こうほ》選手が発表された翌月《よくげつ》から、あらたに美宇さんを担当《たんとう》することになった、エリートアカデミーの中澤《なかざわ》鋭《るい》コーチでした。

中澤コーチは中国《ちゅうごく》出身で、美宇さんが小学生時代に通っていた大阪《おおさか》のミキハウスで、石川佳純《いしかわかすみ》選手を指導《しどう》した経験《けいけん》もありました。

「チャレンジしなければ失敗することはない。でも、チャレンジしないと成功することもないぞ」

中澤コーチはそんなことばで、プレースタイルの変更《へんこう》をすすめたのです。

相手のミスを待つ安定型から、はやいテンポで攻《せ》める超攻撃型《ちょうこうげきがた》のスタイルへ。

それは頭で想像《そうぞう》していたよりも、はるかにむずかしいチャレンジでした。

どん底の状態《じょうたい》から

「手で反応《はんのう》するんじゃない。足でボールをとらえろ」

中澤コーチが最初に修正《しゅうせい》したのは、美宇さんのからだにしみついたクセでした。

「体力がまだついていない子どものころからプレーしてきたので、美宇はどうしても手だけでボールを追ってしまうんです。下半身と連動させてラケットを振《ふ》れるようになるためには、下半身を徹底的《てっていてき》にきたえ、フォームもかえる必要がありました」と、中澤コーチは当時の美宇さんがかかえていた問題点を指摘《してき》します。

美宇さんは、それまであまりとりくんでいなかったウエイトトレーニングに、よりも多くの時間をさくようにしました。力のあるボールを連続して打ちこむには、重心を低くして、下半身にタメをつくらなくてはなりません。そのためには、強い足腰《あしこし》が必要でした。

からだの軸《じく》を意識《いしき》して腰を大きく回転させるあたらしいフォームにもとりくみ、腕《うで》を振りきったあと、すぐに体勢《たいせい》をもどすことも意識《いしき》しました。

しかし、プレースタイルの変更《へんこう》にとりくんでからはじめての大会となった世界卓球選手権クアラルンプール大会の代表選考会（二〇一五年十二月）で、美宇さんはきびしい現実《げんじつ》に直面します。

三十二人が参加した第一ステージの初戦で、美宇さんは一ゲームもとれずに惨敗《ざんぱい》したのです。オリンピックにつづき、前回は美誠さんといっしょに出場した世界卓球選手権大会のコートにも立てなくなりました。

「あのときが、わたしのどん底でした」と美宇さんはふりかえります。

「持ち味だった安定感をすてて攻《せ》めたら、パワーが足りなくて、逆《ぎゃく》にはねかえされてしまいました。リスクをとってスタイルをかえたけど、すべてが悪い方向に向かっているように思えました。このままだと、だれにも勝てなくなってしまう。卓球界から、わたしの存在《そんざい》が消えてしまうんじゃないか……。そんな不安におそわれて、夜にひとりでいると胸《むね》が苦しくなりました」

美宇さんは、中澤コーチに正直な気持ちを打ちあけました。

「やっぱり、もとのスタイルにもどしたほうがいいと思います」

「ほんとうに、それでいいのか？」

中澤コーチはそう聞きかえすと、弱気になった美宇さんにこう言いました。

「もとにもどれば、世界レベルで勝てないままだ。二十歳《はたち》になってからスタイルをかえようと思っても、おそすぎる。でも、今ならまだまにあうぞ」

それからの美宇さんは、あたらしい自分を求める強い心と、変化をこわがる弱い心とのあいだでゆれました。中澤コーチの指導《しどう》にすなおにしたがえなくて、「そうすることで、なにがかわるんですか」と反抗《はんこう》したこともありました。

それでも、美宇さんは少しずつ、中澤コーチの教えを吸収《きゅうしゅう》していきました。

小学六年生のときの作文に書いたように、〈いやだと思わずに、努力することができる〉という長所を、どん底の状態《じょうたい》のときでも発揮《はっき》したのです。

「探究心《たんきゅうしん》が強くて、一度納得《なっとく》したら、徹底的《てっていてき》にやるところが、美宇のすごいところです」と中澤コーチは言いますが、そのことばどおりに美宇さんは、徹底的な努力をかさねていきました。

ひとすじの光がさしこんだのは、二〇一六年一月の全日本卓球選手権大会《ぜんにほんたっきゅうせんしゅけんたいかい》でのことでした。

美宇さんは女子シングルスのトーナメントを勝ちあがると、準決勝《じゅんけっしょう》で美誠さんと対戦しました。バンビの部からずっと、全日本の舞台《ぶたい》でたたかってきたふたりですが、年齢制限《ねんれいせいげん》のない一般《いっぱん》の部で対戦するのははじめてです。

美誠さんの勝利を予想する声が多かったのですが、美宇さんは守りにまわらず、攻撃的《こうげきてき》な卓球で美誠さんを圧倒《あっとう》します。強くて角度のついたボールをつづけて打てるようになったうえに、フォアもバックも振《ふ》りがコンパクトなので、打ったあとすぐに、美誠さんのつぎのボールに対応《たいおう》することができました。

美宇さんは4－0のストレートで美誠さんに勝ちました。ふたりはそれまでなんども対戦していましたが、こんなに一方的な試合ははじめてでした。

「今までとはまったくちがう美宇ちゃんだった。まるで中国の選手とたたかっているみたいでした」

記者会見でそう語った美誠さんは、おさないころからともにがんばってきたライバルがふたたび飛躍《ひやく》する日を、うっすらと予感したのかもしれません。

決勝は、石川選手との対戦になりました。一九三五年に第一回大会が開かれた全日本卓球選手権大会の長い歴史のなかでも、中学生が女子シングルス決勝のコートに立ったのは、はじめてでした。

「あたらしい自分になりたい」という思いをぶつけた美宇さんは、石川選手に三連《れん》覇《ぱ》を許《ゆる》したものの、なんども女王を追いこむ場面をつくりました。

ほんとうに足りなかったもの

女子日本代表チームの村上恭和監督《むらかみやすかずかんとく》は、美宇さんをリオデジャネイロオリンピックのリザーバーに指名した理由をこう説明します。

「オリンピックの団体戦《だんたいせん》は、ダブルスの勝敗がカギをにぎります。だから、リザーバーの第一条件《じょうけん》は、ダブルスがうまいことです。平野は伊藤とのダブルスで実績《じっせき》をのこしているから、まずその点が評価《ひょうか》できた。それと、二〇二〇年の東京オリンピックのことも意識《いしき》しました。リザーバーとしての体験が、四年後につながると思ったんです」

リザーバーとしてリオデジャネイロに向かうとき、美宇さんは気持ちをきりかえていました。

「三人のうちだれかがけがをしたりコンディションをくずしたりすれば、団体戦《だんたいせん》に出ることになるかもしれない。その準備《じゅんび》だけはしっかりしておこうと思いました」

でも、リオデジャネイロで体験したリザーバーとしての日々は、思いえがいていたものとはちがいました。まえがきでふれたように、美宇さんの役割《やくわり》は、まったく脚光《きゃっこう》をあびることのない裏方《うらかた》として、三人の代表メンバーをただひたすらサポートすることだったのです。

「それまでのわたしは、自分の練習をだれかにサポートしてもらった経験《けいけん》しかなくて、とまどうことばかりでした。リザーバーじゃなく、日本にいて自分の練習をしたほうが、楽でよかったと思うこともありました」と美宇さんはふりかえります。

「三人といつもいっしょにいるのに、どうしてわたしだけプレーできないんだろう。そんなことばかり考えていました、少しでも気持ちをゆるめたら、涙《なみだ》がこぼれおちてきそうでした」

しかし、それでもオリンピックは特別な舞台《ぶたい》でした。たまたま時間ができたときに、観客席から見つめたコートでは、ほかの大会とはまったくちがう光景がくりひろげられていました。

「国を背負《せお》っている重圧《じゅうあつ》がほかの大会とはちがうのか、ワールドツアーでたたかったことのある選手たちも、なかなか本来のプレーができていない印象でした。あのコートで勝ちあがっていくには、なによりもメンタルをしっかりと成長させないとだめだなって思いました」

そしてオリンピックのすごさを実感することで、美宇さんはコートでプレーする三人と、リザーバーである自分のもっとも大きなちがいに気づきました。

「いちばんちがったのは、オリンピックに対する意識《いしき》でした。代表をあらそってワールドツアーを転戦しているとき、わたしには、がんばってリオに出られたらいいけど、まだわかいし、だめだったら東京もあるからいいかなという、あまえのような気持ちがありました。でも、美誠ちゃんもふくめて代表になった三人は、このリオでプレーしたいと、それこそ命がけで思っていたことが、いっしょにいると伝わってきました。プレースタイルだけじゃない。卓球やオリンピックと向きあう意《い》識《しき》こそ、わたしがもっともかえなくちゃいけないものだったんです」

日の丸を背負《せお》ってたたかう三人の覚悟《かくご》を知ることで、サポートにも集中できるようになっていきます。

練習パートナーをつとめるときも、三人にはそれぞれのスタイルがあり、対戦相手も毎回ちがいますから、美宇さんはいろんなボールを出さなくてはなりません。チームメイトのためにラケットを振《ふ》りつづける美宇さんに、福原《ふくはら》選手は「リオでいちばんがんばったのは、美宇だよ」と声をかけてくれました。

「いい経験《けいけん》になったと思うのは、自分のあまさに気づいたこと、ふだんわたしを支《ささ》えてくれるスタッフの人たちに感謝《かんしゃ》の気持ちを持てるようになったこと、それに客観的に卓球という競技《きょうぎ》を見つめられたことです。美誠ちゃんとはずいぶん差がついてしまいましたが、彼女《かのじょ》の銅《どう》メダルを首にかけてもらったとき、東京ではぜったいに、自分の力でいちばんいい色のメダルをとるんだって誓《ちか》いました」

新しい平野美宇

リオデジャネイロから帰国した美宇さんが帰省したとき、真理子さんはほんのちょっとした変化に娘《むすめ》の成長を感じました。

「いつもお世話になっている美容室《びようしつ》にうかがったとき、スタッフのみなさんに美宇からいろんな話をしてたんです。それまでは聞かれたことに『はい』とこたえるだけだったのに、まわりに気をつかって自分から話すなんて、この子はかわったなと感じました。リオであじわったくやしい思いは、これからの競技人生にも人間的な成長にも、大きなプラスになると思いました」

真理子さんの予感が現実《げんじつ》になるのに、長い時間はかかりませんでした。

リオデジャネイロオリンピックが閉幕《へいまく》してまもない十月、アメリカのフィラデルフィアで開かれた卓球女子ワールドカップに出場した美宇さんは、日本《にほん》選手としてはじめての優勝《ゆうしょう》をかざったのです。

ワールドカップは世界のトップ選手たちがシングルスであらそう、オリンピックや世界選手権《せんしゅけん》につづく大きな大会です。

この大会には、リオデジャネイロで銅《どう》メダリストになったばかりの美誠さんも出場していました。ふたりは準々決勝《じゅんじゅんけっしょう》でぶつかり、美宇さんが4－1で美誠さんをやぶりました。一月の全日本卓球選手権大会につづいて美宇さんに完敗した美誠さんは、「全日本のときの美宇ちゃんは、すごく攻める選《せ》手になっていましたが、今回は攻めも守りもどっちもできていました。わたしもどっちもできないと、世界でたたかえない」というコメントを残しました。

準決勝《じゅんけっしょう》で世界ランキング六位のフェン・ティエンウェイ選手（シンガポール）を4－2でやぶり、つづく決勝で世界ランキング八位の鄭怡静《ていいせい》選手（台湾《たいわん》）に4－0で完勝した美宇さんの攻撃的《こうげきてき》なプレーは、以前とはまったくちがう選手のようでした。

史上最年少でワールドカップのタイトルを獲得《かくとく》した美宇さんは、「人生のなかでいちばんたくさん祝福のメールをいただいて、返信がまにあいませんでした」とあらたな一歩をふみだせたよろこびを語りました。

「あたらしいスタイルでいい結果が出たことで、すごく自信を持てました。全体的にパワーがついたし、からだの使いかたもかわりました。このあとすぐに中国のスーパーリーグに参戦するのですが、ワールドカップの前は『こんな弱いやつがたたかえるのか』って言ってたチームの監督《かんとく》が、優勝《ゆうしょう》したあとは『やっぱり強いんだな。試合でも使うぞ』って（笑）。結果を出せば、まわりの人の見る目がかわることも実感しました」

世界チャンピオンとの距離《きょり》

中国のトップ選手たちがしのぎをけずるスーパーリーグは、世界でもっともレベルの高いリーグといわれています。内《うち》モンゴル自治区《じちく》に本拠《ほんきょ》を置く「オルドス1980」というチームに加入した美宇さんは、二〇一六年十月から一か月をかけて中国国内を転戦しました。

リオデジャネイロオリンピックの女子シングルス金メダリストで、世界ランキング一位の丁寧《ていねい》選手ともたたかう機会がありました。

丁寧選手は、百七十センチをこえる長身から豪快《ごうかい》な強打を打ちこんできます。ボーイッシュなルックスとあかるい性格《せいかく》で、中国での人気も高く、女性《じょせい》を中心としたファンクラブのメンバーが観客席の一角をしめるほどです。

ワールドカップで自信をつけた美宇さんでしたが、丁寧選手にはまったく歯が立ちませんでした。一ゲームもうばえずに敗れ、世界の頂点《ちょうてん》に立つプレーヤーのすごみをあらためて実感しました。

それでも、試合直後に丁寧選手とならんでインタビューをうけた美宇さんは「わたしの目標は、東京オリンピックでチャンピオンになることです」と、ふだんから口にしている思いを中国の観客のまえで語りました。

となりにいた丁寧選手は「なんて言ったらいいのかな……」としばらくことばにつまったあと、「たしかに四年後の東京では、日本選手は地の利もあるし、わたしたちもしっかり準備《じゅんび》しないといけないですね」とつづけました。

中国代表の金メダリストは、日本代表のリザーバーの自信にあふれたコメントにとまどっているようでした。中国でも人気のある美宇さんですが、このときの発言は現地《げんち》のファンたちにもすなおにうけいれられませんでした。

しかし、ここから美宇さんは「打倒《だとう》中国」の道を歩みだします。

中国から帰国してすぐ、南アフリカのケープタウンで開かれた世界《せかい》ジュニア選手《せんしゅ》権大会《けんたいかい》に出場した美宇さんは、美誠さんやふたりとおない年の早田《はやた》ひな選手らとともにのぞんだ団体戦《だんたいせん》決勝で中国をやぶり、日本チームに六大会ぶりの優勝《ゆうしょう》をもたらしました。

さらに、うれしいニュースが飛びこんできます。

前年に美誠さんが受賞した国際卓球連盟《こくさいたっきゅうれんめい》の「ブレイクスルー・スター賞」を、こんどは美宇さんが受賞したのです。オリンピックが開催《かいさい》されたシーズンに、オリンピックでプレーしていない選手が表彰《ひょうしょう》されるのは、きわめて異例《いれい》のことです。

たった一年のあいだに、美宇さんの卓球人生はめまぐるしくかわりました。

「美誠ちゃんにすっかり置いていかれちゃったね」

そんな声が聞こえてきたこともありましたが、美宇さんはおしつぶされそうな不安にたえ、あたらしい自分を見つけることができたのです。

カタールのドーハで開かれた授賞式《じゅしょうしき》に、美宇さんはまっ赤《か》なドレスを着て出席しました。

史上最年少で全日本チャンピオンに

年が明けた二〇一七年一月の全日本卓球選手権大会で主役になったのも、リオデジャネイロオリンピックで活躍《かつやく》したメダリストたちではなく、リザーバーの苦しみをあじわった高校生でした。

会場の東京体育館が大きなどよめきにつつまれたのは、前年とおなじカードになった女子シングルス決勝がはじまった直後のことです。四連覇《れんぱ》をめざす石川選手のファーストサービスを、美宇さんはいきなり強烈《きょうれつ》なフォアハンドで返し、うけ身になった石川選手からポイントをうばったのです。

「わたしたちの常識《じょうしき》では考えられないプレーでした」

石川選手がそうおどろいたほどのプレーでしたが、観客が美宇さんのプレーにどよめいたのは、そのシーンだけではありません。

重心を低くしたフットワークとコンパクトで力強いフォアハンドで、ラリーをつぎつぎと制《せい》していきます。第四ゲームがおわったところで、ゲームカウントは3-1。あと一ゲームうばえば、美宇さんの勝利です。

むかえた第五ゲームは、8-3とリードした展開《てんかい》から逆転《ぎゃくてん》されてしまいましたが、それでも、美宇さんはまったく動揺《どうよう》しませんでした。

「あの場面であわてなかったのが、メンタル面での成長だと思います。攻撃的《こうげきてき》なプレースタイルが、気持ちにも変化を与《あた》えてくれました」

勝負どころをそうふりかえる美宇さんは、4-1で石川選手をやぶり、史上最年少の十六歳《さい》九か月で全日本チャンピオンになりました。

かわったのは、プレースタイルや試合中のメンタルだけではありません。

どこか内向的で、口数が少ない印象があった美宇さんですが、優勝後《ゆうしょうご》の記者会見で「以前なら周囲の反応《はんのう》を気にしていましたが、スポーツは結果がすべてです。好感度とかは気にせず、自分の意見をはっきり言おうと思うようになりました」

決勝をたたかう美宇さん。

勝利の瞬間《しゅんかん》、
思わず出たバンザイポーズです。

と、それまでの優等生的《ゆうとうせいてき》なキャラクターもかえることを宣言《せんげん》したのです。

会見後のインタビューでも、強気なコメントがつづきました。

「強い選手がいろんな世代にいるので、東京オリンピックの代表あらそいはたいへんだと思います。でも、わたしは日本の絶対的《ぜったいてき》なエースになって、東京オリンピックのコートに立ちたいんです。わたしとの対戦が決まった時点で、相手が試合をあきらめてしまうような存在《そんざい》になりたい」

「全日本で優勝《ゆうしょう》した人はたいへんなプレッシャーと向きあうそうですが、つぎの全日本までの一年間は、わたしだけがその重圧《じゅうあつ》と向きあうことができる。その立場にいないと感じられないことを、どんどん吸収《きゅうしゅう》してさらに強くなりたい」

山梨から応援《おうえん》にかけつけたお母さんの真理子さんが娘《むすめ》に会えたのは、美宇さんが出演《しゅつえん》したテレビ局の楽屋でした。

「今までとちがう強気な発言が多かったけど、なにか考えがあったの？」

真理子さんがそう声をかけると、美宇さんは「ただ思ったことを正直に口に出しているだけだよ」と言って笑いました。

そうしたすべての変化が成長につながることを、美宇さんは世界の舞台《ぶたい》で証明《しょうめい》していくことになります。

「ハリケーン・ヒラノ」の衝撃《しょうげき》

十七歳《さい》の誕生日《たんじょうび》をむかえた二〇一七年四月十四日、美宇さんがネットごしに向きあっていたのは、あの丁寧選手でした。中国の無錫《むしゃく》で開かれた、アジア卓球選《たっきゅうせん》手権大会《しゅけんたいかい》女子シングルス準々決勝《じゅんじゅんけっしょう》のコートです。

アジア卓球選手権大会のシングルスは、三ゲームを先取したほうが勝利を手にします。丁寧選手とは六度目の対戦でしたが、それまでの対戦では一ゲームもとれずに、すべてストレートで負けていました。

この試合も第一ゲームを3－11であっさりとられ、第二ゲームもジュースに持ちこんだものの、12－14で連取されました。

全日本卓球選手権大会で優勝《ゆうしょう》したあと、美宇さんはコンディションをくずしていました。右肩《みぎかた》に痛《いた》みを感じて満足な練習ができなくなると、三月のジャパントップ12という大会で、美誠さんに敗れました。その後のワールドツアーでも苦戦がつづき、一時はアジア卓球選手権大会を棄権《きけん》しようかと思ったほどでした。

「相手が丁寧選手ですから、思いきって自分のプレーをすることだけを考えて第三ゲームに入りました」

そう気持ちをきりかえた美宇さんは、攻撃的《こうげきてき》なドライブで世界チャンピオンからポイントをうばっていきます。11－9のスコアで丁寧選手からはじめてゲームポイントをうばうと、試合のハイライトとなる第四ゲームをむかえました。

16－14というスコアがしめすように、美宇さんは丁寧選手のマッチポイントを何回もしのぎ、逆転《ぎゃくてん》でこのゲームをとったのです。

地元中国のファンでうめつくされた会場は、異様《いよう》な雰囲気《ふんいき》につつまれました。世界最高の選手と信じてうたがわないヒロインが、この日十七歳《さい》になったばかりの日本人選手のスピードと強打に太刀打《たちう》ちできない姿《すがた》をはじめて目にしたからです。長い腕《うで》を思いきりのばしてもとどかないところにボールを打ちこまれると、丁寧選手はいらだちの声をあげ、なんども顔をしかめました。

最終ゲームも一進一退《いっしんいったい》の攻防《こうぼう》がつづきましたが、美宇さんが12-10のスコアで世界チャンピオンをやぶる大金星をあげました。

最後のプレーで丁寧選手が返したボールがネットにあたってアウトになった瞬《しゅん》間《かん》、美宇さんはその場でなんどもジャンプをくりかえし、よろこびを全身で表現《ひょうげん》しました。村上監督《かんとく》にかわって女子代表監督に就任《しゅうにん》した馬場美香《ばばみか》監督のもとへかけよりましたが、抱《だ》きあうまえに腰《こし》がくだけて、ベンチのまえでたおれこんでしまいました。

コートをあとにしてからも、興奮《こうふん》はおさまりません。

「持ってるねえ」

日本からかけつけた報道陣《ほうどうじん》にそう声をかけられると、「実力ですよ」と冗談《じょうだん》で返します。

「あっ、わたし、もう天狗《てんぐ》になってる。でも、今日だけは天狗でいさせてください。明日からちゃんと、〈天狗の〉鼻を折りますから」

十七歳《さい》の誕生日《たんじょうび》は人生最高の誕生日になりましたが、美宇さんの超攻撃的《ちょうこうげきてき》な卓球は、その後も世界をおどろかせつづけます。

準決勝《じゅんけっしょう》で世界ランキング二位の朱雨玲《しゅうれい》選手を、決勝では五位の陳夢《ちんむ》選手をともにゲームカウント3－0で圧倒《あっとう》しました。世界最強の中国がほこるトップ3《スリー》を撃破《げきは》して、史上最年少でアジア女王の座《ざ》についたのです。

日本人選手としては、一九九六年に小山《こやま》ちれ選手が優勝《ゆうしょう》して以来、二十一年ぶりの快挙《かいきょ》でした。中国のメディアは〈日本の女子卓球界が二十年の苦闘《くとう》のすえ、ついに中国の強敵《きょうてき》になった〉と報《ほう》じ、国際卓球連盟は、美宇さんのスピードとパワーにあふれたプレーを「ハリケーン・ヒラノ」と表現《ひょうげん》しました。

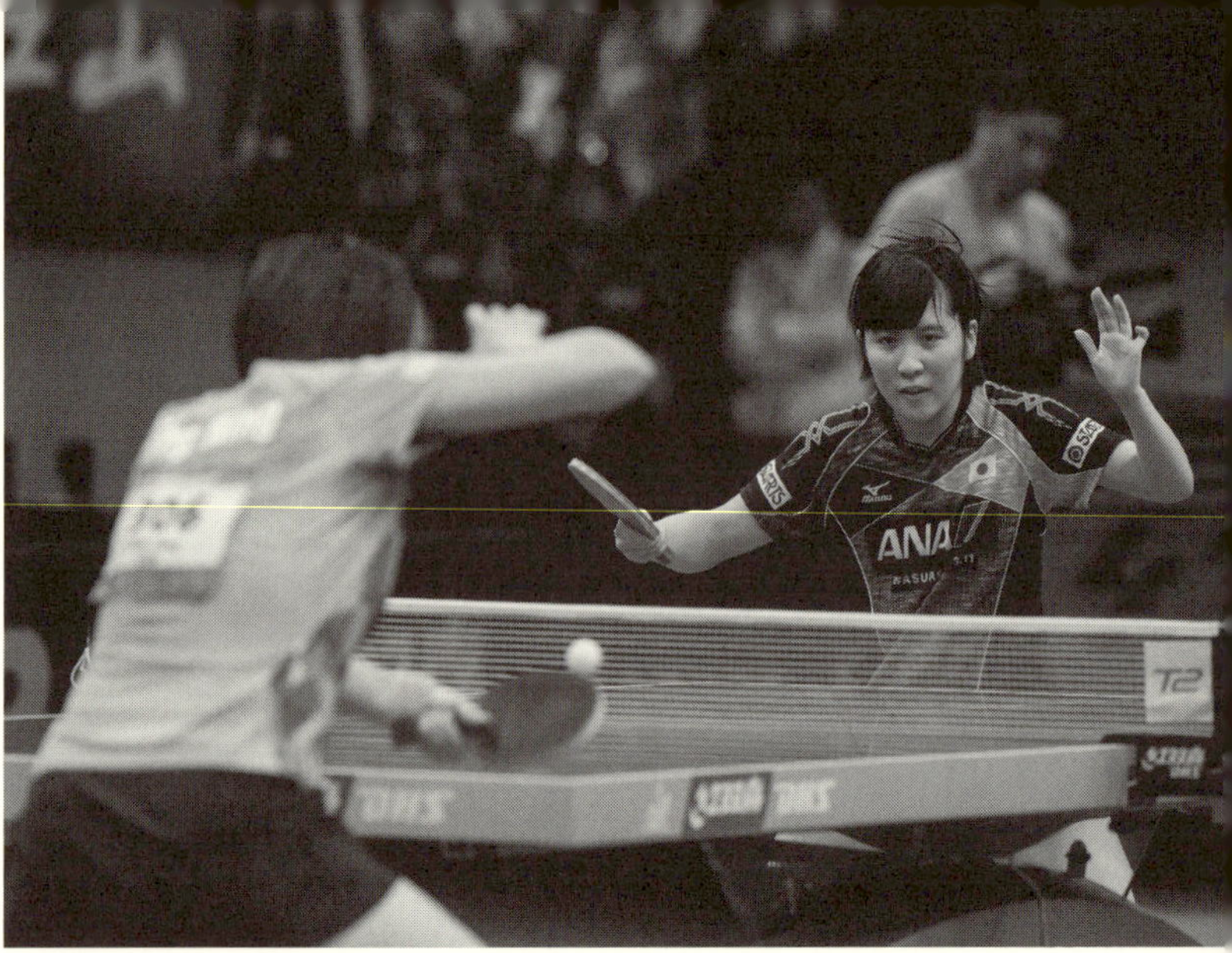

丁寧選手と対戦する美宇さん。

陳夢選手を破《やぶ》り、新アジア女王が誕生《たんじょう》しました。

無敵《むてき》をほこっていた中国女子代表チームをひきいる孔令輝《こうれいき》監督《かんとく》も、美宇さんの進化におどろきをかくせません。

「彼女《かのじょ》のテクニックは、われわれよりも先進的だ。これから彼女の強みを全力で分《ぶん》析《せき》しなければいけない」

というコメントは、美宇さんのプレーが与《あた》えた衝撃《しょうげき》の大きさをものがたっていました。

快挙《かいきょ》のニュースを聞いた真理子さんは、LINE《ライン》でこんなメッセージを娘《むすめ》におくりました。

「ママに幸せをありがとう」

美宇さんからは、こんな返信がきました。

「ありがとう。びっくりすぎる！」

リザーバーとして参加したリオデジャネイロオリンピックがおわってから、まだ半年あまりの月日しかたっていませんでした。

「あこがれのアイドルをこえたい」

「これまで一度も勝てなかった丁寧選手に逆転勝《ぎゃくてんが》ちしてから勢《いきお》いにのりました。中国選手とたたかうときはいつも、どうすればいいんだろうって迷《まよ》いながらプレーしていましたが、準決勝《じゅんけっしょう》からはちがいました。勝てる予感しかしなくて、なにを打っても入る感覚でした」

アジア卓球選手権大会での優勝《ゆうしょう》を、美宇さんはそうふりかえります。ずっと雲の上の存在《そんざい》だった丁寧選手にせり勝ち、世界ランキング二位と五位の強豪《きょうごう》に一ゲームも与《あた》えずに圧勝《あっしょう》したことは、かつてないほどの自信を美宇さんの胸《むね》にうえつけました。

「中国選手もふつうの人間なんだと思えるようになりました。追いこまれれば緊《きん》張《ちょう》してミスもするし、自分のプレーができなくなることもあるんです。中国選手には苦手意識《いしき》があったのですが、これからはまったくちがう気持ちでたたかえると思います。もちろん、中国もわたしのプレーを研究してくるでしょうが、逆《ぎゃく》にどんな対策《たいさく》をねってくるのか、楽しみです。中国に研究されるということは、それだけわたしが成長したということですから」

挫折《ざせつ》が人を強くする、とよく言われます。

でも、挫折を体験した人のすべてが、強くなれるわけではありません。その苦しみや痛《いた》みから逃《に》げず、挫折の原因《げんいん》と向きあい、どん底の状態《じょうたい》からふたたび立ちあがる勇気を持った人だけが、あたらしい風景と出あうことができるのです。

活躍《かつやく》すればするほど、リザーバーとして参加したリオデジャネイロオリンピックの経験《けいけん》が、美宇さんの心のなかで大きくなっていきます。

「わたしのほかにも、オリンピック出場をめざしながら日本代表になれなかった選手はたくさんいます。彼女《かのじょ》たちも、くやしい気持ちでリオの試合を見つめていたはずです。でも、現地《げんち》でおなじ時間と環境《かんきょう》を共有したわたしにしか、わからない感《かん》情《じょう》がぜったいにあると思います。くやしさはもちろんですし、共感とか、感謝《かんしゃ》とか、安堵《あんど》とか、いろんな感情です。そんな経験《けいけん》が、わたしの財産《ざいさん》になりました。今はリザーバーでよかったと、心の底から思っています」

美宇さんは海外遠征《えんせい》に向かうとき、一枚《まい》の色紙をスーツケースのなかに入れていきます。

大好きなアイドル「乃木坂《のぎざか》46」の西野七瀬《にしのななせ》さんのサイン色紙です。「お守りがわりなんです」とふだんからたいせつに保管《ほかん》しています。

テレビのトーク番組で共演《きょうえん》してからますますファンになりました。いそがしい遠征や合宿がつづくなか、やっとおとずれた休みの日を利用しては、ライブにも足を運びます。国際卓球連盟のインタビューをうけたときには、カメラのまえで「乃木坂46」の歌をうたったり、「ももいろクローバーZ」のダンスを披露《ひろう》したりしたこともあります。

美宇さんがアイドルにあこがれるのは、ファン心理だけではないようです。

「ライブに行くと、みんなステージの上できらきらしていてすごいんです。ものすごく努力をして、ほかの子たちと競《きそ》いあって、一部の選ばれた女の子だけが、ステージの上でスポットライトをあびながらパフォーマンスができるんです。がんばって努力をかさねてきたことで、たくさんの人を感動させられるってすごいことじゃないですか。だからわたしは、いつか卓球で大好きなアイドルをこえたいと思ってるんです」

ときどき「ふしぎキャラ」と言われることもある美宇さんですが、真剣《しんけん》な表情《ひょうじょう》で胸《むね》にひめる思いを語りました。

「わたしがアイドルに元気をもらっているように、わたしの卓球を見た人が感動したり、勇気を持ってなにかをはじめるきっかけをつかんでくれれば、アスリートとして最高だと思うんです。まったくちがうジャンルなので比較《ひかく》はできませんが、もし、わたしが東京で金メダルをとる夢《ゆめ》を実現《じつげん》できたら、そのときは『アイドルをこえたぞ』って胸をはってもいいですよね」

あとがき

がんばれ！　ピンポンガールズ

二〇一七年六月、成田空港《なりたくうこう》の到着《とうちゃく》ロビーにあらわれた平野美宇《ひらのみう》さんと伊藤美誠《いとうみま》さんの胸《むね》には、銅《どう》メダルがかがやいていました。

ドイツのデュッセルドルフで開かれていた世界卓球選手権大会《せかいたっきゅうせんしゅけんたいかい》で、美宇さんは女子シングルスで日本選手として四十八年ぶりに、美誠さんは早田《はやた》ひな選手とペアを組んだ女子ダブルスで十六年ぶりに、銅《どう》メダルを獲得《かくとく》したのです。

ふたりがならんで笑顔《えがお》を見せるのは、ひさしぶりのことでした。

数年前、「みうみま」が日本じゅうの注目を浴びはじめたころ、卓球ファンのあいだで、こんな議論《ぎろん》がさかんにかわされました。

「美宇ちゃんと美誠ちゃんのどちらが、世界で活躍《かつやく》できる選手に成長できるのか」

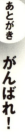

ある人は美宇さんの技術《ぎじゅつ》を高く評価《ひょうか》し、ある人は美誠さんの独創的《どくそうてき》なプレーに期待をふくらませました。ふたりの性格《せいかく》やプレースタイルが対照的なだけに、その議論《ぎろん》はよけいに過熱《かねつ》したのです。

その後のふたりは、そうした議論が意味をなくしてしまうほどの活躍《かつやく》をつづけています。

美誠さんは十五歳《さい》でオリンピックのメダリストになり、美宇さんも全日本卓球《ぜんにほんたっきゅう》選手権大会《せんしゅけんたいかい》とアジア卓球《たっきゅう》選手権大会《せんしゅけんたいかい》で、史上最年少のチャンピオンになりました。どちらかひとりだけがスポットライトをあびるのではなく、ふたりはまるで栄光のバトンをリレーするかのように、ちがう舞台《ぶたい》でそれぞれが成長した姿《すがた》を披露《ひろう》したのです。

もし、ふたりがおなじ二〇〇〇年に生まれていなければ、ここまでの結果をのこすことができたでしょうか。

「ライバル」ということばの語源《ごげん》は「小川」を意味するラテン語で、「川の水をめぐってあらそう者」という意味だといわれています。でも、少しちがう説もあります。

ラテン語が使われていた古代ヨーロッパでは、人びとはルールをつくり、おなじ小川を共同で利用していました。川の水をめぐって人びとがあらそうようになったのは、中世に入ってからで、ライバルということばにはもともと「おなじ小川を、ほかの人といっしょに利用する者」、つまり「仲間」という意味があったというのです。

美宇さんと美誠さんのライバル関係には、そちらの説のほうがあてはまるのではないでしょうか。ふたりは卓球という競技《きょうぎ》において、結果をあらそう敵《てき》ではなく、いっしょに成長していく仲間なのです。

子どものころからおたがいの存在《そんざい》を意識《いしき》してきたふたりも、そのことを理解《りかい》しているのでしょう。

「美誠ちゃんがいなかったら、リザーバーでリオに参加していても、そんなにくやしくなかったかもしれないし、ここまでがんばれなかったと思う」

美宇さんがそうふりかえれば、美誠さんもこう言います。

「美宇ちゃんが中国《ちゅうごく》の選手に勝ってアジアチャンピオンになったのを見てすごいと思ったし、わたしもがんばれば中国選手をたおせるんだっていう気持ちになりました。美宇ちゃんと切磋琢磨《せっさたくま》しながら強くなるのが、わたしの卓球人生です」


オリンピックの団体戦《だんたいせん》で優勝《ゆうしょう》し、シングルス決勝のコートで金メダルをかけてたたかうというふたりの夢《ゆめ》は、小学生のころからかわりません。

その夢をかなえるために、ふたりは今日も、昨日までの自分をこえられるようにラケットを振《ふ》りつづけています。

二〇一七年十一月に発表された世界ランキングでは、美宇さんが五位、美誠さんが六位にランクされました。

小学四年生ではじめてランキングがついたときは、美宇さんが八百四十一位、美誠さんが四百八十四位だったことを覚えているでしょうか。わずか七年ほどのあいだに、ふたりはそろって世界のトップ10《テン》入りをはたしたのです。

東京《とうきょう》オリンピックをむかえたとき、ふたりはどこまで進化しているのでしょう。

「東京のコートに立つ具体的なイメージはまだありません。さきのことはあまり考えず、目のまえの大会で優勝《ゆうしょう》することと、世界ランキングの三位以内に入ることを目標にがんばりたい」と語ったのは美宇さんです。

美誠さんはしばらく考えたあと、「十九歳《さい》ですから、もう高校を卒業していますよね。じゃあ、とりあえず、ピアスはあけていると思います」と言って笑いました。

まったくタイプのちがうふたつの才能《さいのう》は、おたがいが進化しつづけるために卓球の神様がめぐりあわせてくれたのかもしれません。そしてふたりの活躍《かつやく》は、世界中の「ピンポンガールズ」たちに、大きな夢《ゆめ》や希望を与《あた》えつづけてくれるはずです。

ふたりの友情とライバル物語は、
いつまでも……。

どうして強くなったのか？　どこまで強くなるのだろう？

がんばれ！ ピンポンガールズ

がんばれ！ 平野美宇 年表

2000年	4月	14日、静岡県沼津市《しずおかけんぬまづし》で生まれる
2003年	9月	母の指導《しどう》で卓球《たっきゅう》をはじめる
2004年	9月	全日本卓球選手権大会バンビの部に初出場
2007年	4月	山梨県中央市立田富北小学校《やまなしけんちゅうおうしりつたとみきたしょうがっこう》に入学する
	7月	全日本卓球選手権大会バンビの部で優勝《ゆうしょう》
2013年	4月	稲付中学校《いなつけちゅうがっこう》（東京都北区《とうきょうときたく》）に入学し、JOC《ジェーオーシー》エリートアカデミーに入校する
2014年	3月	ワールドツアー・ドイツオープン女子ダブルスで史上最年少優勝（伊藤美誠選手と）
2016年	4月	大原学園高校《おおはらがくえんこうこう》（東京都千代田区《ちよだく》）に入学する
	8月	リオデジャネイロオリンピックにリザーバーとして同行する
	10月	卓球女子ワールドカップ（アメリカ・フィラデルフィア）で史上最年少優勝
2017年	1月	全日本卓球選手権大会女子シングルスで史上最年少優勝
	4月	アジア卓球選手権大会（中国《ちゅうごく》・無錫《むしゃく》）女子シングルスで史上最年少優勝
	6月	世界卓球選手権大会（ドイツ・デュッセルドルフ）女子シングルスで銅《どう》メダルを獲得《かくとく》

がんばれ！伊藤美誠 年表

2000年10月	21日、神奈川《かながわ》県《けん》横浜《よこはま》市《し》で生まれる
2003年 9月	母の指導《しどう》で卓球《たっきゅう》をはじめる
2005年 7月	全日本卓球選手権大会バンビの部に初出場
2007年 4月	静岡《しずおか》県《けん》磐田《いわた》市《し》立《りつ》磐田《いわた》北《きた》小学校《しょうがっこう》に入学する
2008年 7月	全日本卓球選手権大会バンビの部で優勝《ゆうしょう》
2013年 4月	昇陽《しょうよう》中学校《ちゅうがっこう》（大阪《おおさか》市《し》此花《このはな》区《く》）に入学し、 関西《かんさい》卓球《たっきゅう》アカデミーに練習の拠点《きょてん》を移す
2014年 3月	ワールドツアー・ドイツオープン女子ダブルスで 史上最年少優勝（平野美宇選手と）
2016年 4月	昇陽高校（大阪市此花区）に入学する
2016年 8月	リオデジャネイロオリンピック女子団体《だんたい》で 銅《どう》メダルを獲得《かくとく》（福原愛選手、石川佳純選手と）
2017年 6月	世界卓球選手権大会（ドイツ・デュッセルドルフ） 女子ダブルスで銅メダルを獲得（早田ひな選手と）
8月	オリンピックの卓球最年少メダリストとして ギネス世界記録に認定《にんてい》される
11月	ワールドツアー・スウェーデンオープン 女子ダブルスで優勝（早田ひな選手と）

城島 充 じょうじま みつる

ノンフィクション作家
1966年、滋賀県生まれ。関西大学文学部卒業。産経新聞社会部記者を経て、2002年、ノンフィクション作家に。児童向けの作品に、『にいちゃんのランドセル』『レジェンド！ 葛西紀明選手と下川ジャンプ少年団ものがたり』『義足でかがやく』『車いすはともだち』（いずれも講談社）がある。

表紙写真　時事通信
本文写真　伊藤美乃り、平野真理子、平山順一
　　　　　国際卓球連盟、卓球王国、ニッタク、共同通信、
　　　　　時事通信
協力　　　クロス・ビー、スターツコーポレーション
ブックデザイン　城所 潤（Jun Kidokoro Design）

参考文献
『美宇は、みう。夢を育て自立を促す子育て日記』（平野真理子、健康ジャーナル社）
『子供が夢を確実に叶える方法 そのために親がすべき29のこと』（伊藤美乃り、スターツ出版）
『文藝春秋』『Number』『Number PLUS』『卓球王国』『卓球レポート』『スポーツナビ』『スポーツ報知』『日刊スポーツ』『スポーツニッポン』

世《よ》の中《なか》への扉《とびら》
平野《ひらの》美宇《みう》と伊藤《いとう》美誠《みま》
がんばれ！　ピンポンガールズ

2018年 1月15日　第1刷発行

著　者　城《じょう》島《じま》充《みつる》
発行者　鈴木 哲
発行所　株式会社　講談社
　　　　〒112-8001　東京都文京区音羽2-12-21
　　　　電話　編集　03-5395-3535
　　　　　　　販売　03-5395-3625
　　　　　　　業務　03-5395-3615
印刷所　慶昌堂印刷株式会社
製本所　黒柳製本株式会社

N.D.C. 916　191p　20cm　ISBN978-4-06-287031-3